오늘도 K-Dance 로그인 중입니다

- 전통과 감성의 리듬을 잇다 -

나비다

오늘도 K-Dance 로그인 중입니다

전통과 감성의 리듬을 잇다

초판 1쇄 2026년 1월 25일
지은이 이용희
펴낸이 김기창
펴낸곳 도서출판 나비꿈
신고번호 제300-2010-4호
주소 서울 종로구 창경궁로 265 상가동 3층 3호
전화 02 741 7719 | 팩스 0303 0300 7719
홈페이지 wwww.lihiphi.com
전자우편 lihiphi@lihiphi.com
디자인 홍종훈 [스튜디오6982]
인쇄 및 제본 천광인쇄사
ISBN 979-11-85429-29-8 (03600)

※ 값은 뒤표지에 있습니다.

한국춤, 일상, 철학을 오가는 몸의 기록

오늘도 K-Dance 로그인 중입니다

이용희 지음

전통과 감성의 리듬을 잇다

차례

프롤로그 7

1부 | 춤, 내 인생에 로그인하다.

1. "춤생춤사": 내 삶이 된 춤 13
2. 한국춤: '내가 선택한 길이 아니라, 나를 선택한 길이었다.' 22
3. 뇌보다 감각이 먼저다 28
4. 리듬도 시대를 탄다: 요즘 춤, 옛날 춤 33
5. 춤과 대중문화의 변화 #스테이지 파이터 41
6. 춤에는 유통기한이 있을까? 없을까? #논쟁시작 48
7. K-춤의 혼(魂), 얼의 미학 54
8. "이 맛, 한국춤의 맛이야!" 59
9. K-감성, 어디까지 왔니?: 전통과 지금 사이 66
10. 유무상생(有無相生)의 춤: 안 보여도 쓸모 있음 74

2부 | 같이 추면 더 재밌어: 관계의 미학

1. 서울교방 프로젝트: 춤으로 연결된 우리 85
2. 내 춤을 바꾼 한 사람, 스승에게서 배운 것들 #스승님 레전드 썰.zip 93
3. 철학의 문을 두드린 나, 그리고 나를 이끈 철학 스승 99
4. 춤이 공공재가 되려면: #이기심_탈퇴중 106
5. 음악[樂]과 춤[舞]에 대한 단상 113
6. 어느 장단에 맞춰 춤춰야 할까요? #혼돈의_리듬 122
7. 감성 ON, 심성은 기본 130
8. 관계에도 거리두기 미학이 필요해요 134
9. '허정지심虛靜之心'이 뭐임? → 마음을 비우는 기술 143
10. 무구(舞具), 그냥 소품이 아님 주의!!! 149

3부 | 몸도 철학이 됩니다.

1. "힘들어도 춤길만 걷자": 예술러의 현실 159
2. 생각하는 몸, 움직이는 철학 164
3. 예술 경험의 함정 카드 오픈: 예술가의 착각 170
4. 동양 vs 서양, 몸에 대한 두 가지 시선.zip 178
5. 관찰자 모드: 춤 속 나를 들여다보다 185
6. 색(色)으로 본 춤: 감정의 팔레트 193
7. 상선약수: 물처럼 유연한 춤의 철학 204
8. 몰입러의 삶: 몸과 마음 싱크 맞추기 211

4부 | 춤, 인생을 스치다

1. 무브먼트 = 라이프스타일 219
2. 인생은 직선이 아냐, 곡선이다 226
3. 내 삶을 예술로 리셋하다 232
4. 어머니의 향기, 내 삶을 스치다 240
5. 즐기는 자가 이긴다 #인생엔_리듬필수 246
6. 생각 없이 춤을 춰도 되는 순간 256
7. Move결 따라, Groove결 인생 261
8. 요즘 대세, 마음수행은 [춤멍]으로… 265
9. AI시대 K-춤, 정체성 유지하는 법.txt 272

에필로그 281
참고문헌 287
저자소개 291

프롤로그

“춤이란 무엇인가?”라는 질문은 춤의 길을 걷는 사람이라면 누구나 한 번쯤, 아니 자주 마음속에서 꺼내 보았을 것이다. 나 역시 오랫동안 그 물음과 함께 걸어왔다. 춤을 추며 삶의 의미를 찾고, 예술이란 무엇인지 고민하다 보니 자연스럽게 따라오는 생각인 것 같다.

『오늘도 K-Dance 로그인 중입니다』는 이러한 질문에 대한 나의 오랜 고민과 여정을 기록한 결과물이다. 이 책은 한국춤의 아름다움과 그 속에 깃든 깊은 뜻을 많은 이들과 나누고 싶다는 마음에서 시작되었고, 춤이 삶과 예술을 이어주는 소중한 다리임을 전하고자 쓰게 되었다.

이 책 제목에 담긴 ‘로그인 중’이라는 표현은 단지 현재형의 상태를 의미하는 것이 아니다. 그것은 몸과 마음, 전통과 현대, 무대와 일상, 예술과 철학 사이를 넘나드는 춤의 외연과 내면세계 모두에 접속하고 있다는 의미를 담고 있다.

나아가 끊임없이 새롭게 접속하며 변화하는 '살아있는 예술로서의 춤'을 그리고 그 춤을 통해 오늘의 나와 세계를 다시 연결하려는 시도를 상징한다. 이 책은 바로 그 로그인의 기록이자, 다시 춤의 세계로 깊이 접속하고자 하는 하나의 예술적 고백이다.

사실 책을 쓰겠다고 결심하기까지는 많은 망설임과 두려움이 있었다. '과연 내가 무용가로서 글로써 자신을 잘 표현할 수 있을까?'라는 의문이 늘 마음속을 맴돌았다. 춤은 몸으로 즉각적으로 표현하는 예술이지만 글쓰기는 단어 하나하나를 신중히 골라야 하는 고된 작업이었다.

단, 한 동작에 담을 수 있는 감정을 글로 풀어내려면 수많은 문장을 다듬고 또 다듬어야 했다. 때로는 단어 하나를 고르느라 한참을 고민하고, 또 어떤 때는 문장을 쓰다가 "내가 왜 이걸 하겠다고 했을까?" 하는 후회를 하기도 했다.

그럼에도 불구하고 이 책을 쓰게 된 것은 춤으로는 다 전할 수 없는 마음의 조각들이 있음을 깨달았기 때문이다.

무대에서 발끝으로 손짓으로 호흡으로 전하려 했던 감정과 철학을 글로도 남길 수 있다면, 그 또한 또 하나의 춤이 되지 않을까? 그런 생각이 나를 글쓰기로 이끌었다.

춤이 나의 삶이라면 그 삶의 이야기를 기록하는 것도 또 하나의 춤이 되지 않을까?

이런 생각 끝에 아주 조심스럽게 펜을 들기 시작했다. 공연이 끝난 뒤의 감정을 기록하고, 춤을 추며 마주한 고민과 깨달음을 메모해 나갔으며, 춤 속에서 발견한 삶의 철학을 하나하나 글로 옮겨갔다. 그렇게 쓴 글들은 그 해의 시대상과 한국적인 정서에 대한 단상들을 담은 기록이 되기도 했다.

그렇게 무대 위에서 느꼈던 환희와 긴장, 춤을 추며 흘린 땀과 눈물 그리고 춤을 통해 깨달은 것들을 글로 담기 시작하니 어느 순간 춤과 글이 하나로 연결되는 듯한 기분이 들었다. 춤이 내 몸에서 흘러나온다면 글은 내 마음속에서 흘러나오는 것이었다.

어느 날, 사랑하는 가족이 내게 이렇게 말했다.

"당신이 춤으로 전하는 이야기들을 글로도 나눠주면 참 좋을 것 같아. 생각이나 삶의 이야기들도 많은 사람들에게 닿을 수 있을 거야."

그 말은 내 마음 깊이 스며들었고, 망설이던 나에게 큰 용기를 안겨 주었다. 결국 그렇게 이 책은 시작되었다.

춤은 여전히 제 삶에서 가장 중요한 존재이다. 그러나 이제 글 또한, 내가 걸어온 길을 더 단단히 해주는 또 하나의 벗이 되었다.

이제는 춤뿐 아니라, 글로도 세상과 소통하고자 한다.

책을 쓰는 과정은 내 삶을 돌아보는 여정이기도 하고, 춤을 새롭게 바라보는 시간이기도 했다. 이 책이 그 첫걸음이다.

비록 부족한 글이지만, 이 책이 춤을 사랑하는 이들과 춤을 배우고 있는 이들에게 무대 위의 짧은 순간이 아닌, 시간이 지나도 마음속에 남을 수 있는 기록이 되기를 바란다.

그날을 기대하며, 나는 오늘도 K-Dance 로그인 중이다.

2026년 1월

虛靜齋에서

1부 | 춤, 내 인생에 로그인하다.

1

"춤생춤사": 내 삶이 된 춤

한국춤을 춘 지 36년이 되었다. 처음 무용을 시작했을 때는 단순한 호기심이었다. 하지만 시간이 흐르면서 춤은 내게 공기 같은 존재가 되었다. "춤생춤사" 이 말 한마디가 지금의 나를 가장 정확히 설명하는 말이 아닐까 싶다.

춤 없이 나는 존재할 수 없고, 춤은 나를 만들고 지켜준 삶 그 자체였다.

춤이 없었다면 지금의 나는 어떤 모습일까? 상상조차 할 수 없다.

마치 고향을 잃은 사람처럼, 나 자신을 잃어버린 기분이었을 것이다.

나는 몸을 움직이는 것을 좋아했던 것 같다. 그래서일까 어릴 때 아버지께서 리듬체조를 권하기도 하셨다. 그냥 신기하게도 음악이 흐르면 저절로 몸이 반응했다.

하지만 한국춤을 처음 배울 때는 쉽지 않았다. 서양무용처럼 강렬한 점프나 화려한 회전이 있는 것도 아니고, 동작 하나를 완성하는 데 시간이 오래 걸렸다.

동작조차도 힘을 조절해야 하고, 무게 중심을 유지하며, 흐름을 자연스럽게 이어가야 했다. 손끝을 살짝 들어 올리는 움직임도 그저 겉모양이 아닌 감정과 의도를 담아내야 했다.

예술고등학교에 입학하여 무용복을 입었던 그 첫날의 설렘은 아직도 내 마음 한켠에 반짝이고 있다. 가죽 냄새가 물씬 나는 흰색 코슈즈에 부드러운 흰 저고리를 입고, 풍성한 치마를 두르던 순간, 마치 내가 진짜 '무용수'가 된 듯 거울 속 내 모습이 낯설 만큼 특별해 보였다.

머리는 또 어땠던가? 평소엔 절대 양보 못하던 내 사랑스러운 앞머리마저 사라졌다. 젤을 잔뜩 바르고, 말끔히 쓸어올려 망까지 씌우니 '이게 진짜 예고의 무용인 얼굴인가?' 싶어 낯선 내 모습에 웃음이 절로 났다.

친구들끼리 서로의 머리를 만져보며 "어머, 너 완전 달라졌어!"라며 깔깔대던 그 추억은 지금 떠올려도 유쾌하고 풋풋하다. 그날, 나는 단지 무용복을 입은 것이 아니라, 춤이라는 세계로 들어가는 문을 조심스레 연 순간이었다.

그 시절 나를 처음 이끌어주신 선생님은 겉으로 보기엔 매서운 매의 눈빛을 가지셨지만 가만 들여다보면 그 눈동자 속엔 늘 따뜻한 온기가 숨어 있었다. 첫 수업 날, 나는 한국무용이라는 낯선 세계 앞에서 마치 갓 태어난 망아지처럼 어색하게 몸을 흔들고 있었다.

선생님은 수업 중에 이렇게 말씀하셨다.
"천천히, 깊게."
그런데 도대체 무엇을? 어떻게 하라는 걸까?
숨을 깊게 쉬라는 뜻일까, 아니면 발을 깊게 디디라는 걸까?
나는 속으로 '깊게란 말이 이렇게 어렵다니…' 하며 진땀을 뺐다.

동작 하나하나가 마치 국보급 유물을 다루는 것처럼 조심스러웠다. 손을 들 때도 마치 공기와 눈빛까지 함께 춤을 춰야 하는 듯했다. 손끝 각도가 1도만 달라져도 감정의 색이 바뀌는 기분이었다. 움직이는 속도도 내 맘대로가 아니었다.

"빠르면 안 돼, 느리지만 춤의 느낌이 가슴 안쪽에서 나와야 해."

선생님의 말에 그저 고개만 끄덕였지만, 내 머릿속은 '가슴 안쪽에서 동작이 나오는 게 도대체 무슨 뜻이람...' 머릿속이 복잡한 생각들로 엉켜버렸다.

그런데 이상했다. 그날 밤, 집에 와서 선생님의 말을 떠올리며 다시 천천히 손을 들어 올려보는데, 정말로 뭔가 다른 느낌이 들었다. 내 손끝이 내 마음과 이야기를 나누는 듯했고, 발끝이 나의 감정을 바닥에 고요히 적시는 느낌이 들었다. 몸이 내게 말을 걸기 시작한 것이다.

"이제야 좀 들리니?"라는 듯 말없이 속삭였다. 그날 이후, 나는 알 수 없는 끌림에 사로잡혔다. 몸 안의 감정이 춤이라는 언어로 번역되어 나오는 아주 은밀하고도 멋진 마법 같았다.

그동안 춤과 함께 살아오면서 참 많은 순간들이 있었지만, 정말 숨이 턱 막히고 눈물 쏙 빠졌던 시기를 꼽으라면 단연 두 아이의 "육아와 박사 논문" 쓸 때인 것 같다. 말 그대로 '육아와 연구 사이에서 춤을 추며 정신이 붕 떠 있던 시간들'이었다.

하루종일 "엄마, 이거 해줘!", "엄마, 이건 왜 그래?", "엄마, 나 응가 했어!" 라는 외침이 사방에서 쏟아졌다. 왼손엔 작은 아이의 분유병, 오른손엔 큰아이 옷가지, 발끝으로는 온통 어질러진 장난감을 피해가며 걷는 그 정신없는 일상 속에서 나는 문득 이런 생각이 들었다.

이것이 바로 가장 벗어날 수 없는 인생의 무대 같았다. 하루하루가 끝도 없는 리허설 같고, 육아는 정말 숨 돌릴 틈조차 없는 고된 퍼포먼스였다.

문득 우리 엄마가 떠오른다. 4남매를 키우시느라 엄마는 매일이 전쟁이었을 텐데... 왜 한번도 힘들다는 말씀을 하지 않으셨을까?

나는 아들 둘을 키우며 이렇게 헉헉거리는데 엄마는 네 아이를 품고, 가정까지 지키며 살아내셨다. 지금 생각하면, 우리 엄마야말로 무대 위 주인공도 백스테이지 감독도 동시에 해내신 슈퍼 우먼인 것 같다.

한 손엔 빨랫감을 한 손엔 국자를 들고도 늘 우리를 살뜰히 챙기셨던 그 모습이 이젠 춤보다 더 진한 감동으로 다가온다.

그런가 하면 박사논문 쓸 땐 또 다른 종류의 전쟁이었다. 키보드를 두드리며 "예술적 감성과 몸의 철학적 연관성..." 같은 문장을 쓰다가도 문득 '이 문장에 감성이 있긴 한 걸까?' 싶어 스스로 회의에 빠지기도 하고, 결국 맥주캔을 따며 안 풀리는 글을 원망하며 몇날 며칠을 새기도 했었다.

가끔은 졸음과 싸우다 노트북 화면에 이마를 박은 적도 있고, 다음 날 눈을 떴는데 커서가 논문 한복판에서 깜빡이며 나를 조롱하듯 바라보고 있던 적도 있었다.

그래도 이상하게 그런 혼란 속에서도 나는 '춤과 철학'이라는 두 언어를 억지로라도 이어보려 했고, 그러면서 내 춤도 조금씩 깊어지고 있었다.

그렇게 말도 안 되는 문장을 수천번 고치고 지우고 다시 쓰는 과정을 통해 나는 결국 나만의 춤 언어를 글로 번역해내는 연습을 하고 있었던 셈이다.

지금 생각하면, 그 두 시절은 춤을 잠시 멈추고 싶은 마음과 절대 멈출 수 없던 현실이 팽팽하게 맞붙던 시간이었다. 하지만 아이들이 나를 '춤추는 엄마'로 기억해주고, 논문 표지에 내 이름 석 자가 딱 인쇄된 걸 봤을 때 나는 비로소 알았다.

"아, 이 모든 헉헉거림도 결국 내 춤이었구나."

한국춤을 왜 추느냐고 묻는다면, 나는 망설이지 않고 이렇게 대답할 것이다.
"음… 그냥 너무 좋아서요."
정말 그렇다.
처음부터 '전통을 계승하겠다'는 거창한 각오가 있었던 것도 아니고,
'예술이란 무엇인가', '무용의 본질은 무엇인가' 같은 철학적인 고민이 앞섰던 것도 아니었다.
그저 음악이 흐르면 어느새 반응하고 있는 내 몸, 그리고 그 움직임 속에서 절로 피어오르던 마음의 웃음.
그게 전부였다. 하지만 그 소박한 시작이 지금의 나를 만든 셈이다.

지금도 가끔 이런 질문을 받는다.
"그렇게 힘든데 왜 계속하세요?"
"이제는 좀 쉬어도 되지 않나요?"
그럴 때면 나는 마음속으로 미소가 지어진다.

춤은 내게 일이나 직업이기 이전에 일상이고 숨이고 기쁨이다.

이유를 설명하려 하면 도무지 설명이 되지 않고, 굳이 말하지 않아도 그냥 느껴지는 그런 감정... 그래서 지금도 이유 없이 좋다. 그냥... 춤이니까.

특히, 숨을 들이마시고 내쉬는 흐름에 맞춰 움직일 때, 지금 이 순간에 집중하면서도 어딘가 더 깊은 시간속으로 들어가는 듯한 몰입감을 느낄 수 있다.

그 경험이 반복되면서 나는 처음으로 '춤은 나에게 맞는 옷이구나'라는 생각을 하게 되었고, 그 춤이 바로 한국춤이었다.

나는 춤을 추며 기쁨과 슬픔을 동시에 경험했다. 공연을 마친 뒤, 객석에서 터져 나오는 박수 소리는 무대 위에서 흘린 수많은 땀방울을 보상해주었지만, 그 박수를 받기까지의 여정은 결코 쉽지는 않았다.

한국춤을 본격적으로 배우기 시작했을 때, 나는 늘 박자를 한 박자씩 늦게 따라가곤 했다. 순서는 알고 있었지만 선생님의 동작을 제대로 따라하기 위해 머리로 계산하고 집중하다 보니 자연스러운 흐름이 자꾸만 끊어졌던 것이다.

그래서일까? 거울 속 나의 모습은 언제나 어딘가 어색하고, 다른 사람들과 비교했을 때 부족함이 많아 보였다.

그럴 때마다 선생님은 "몸이 아니라 마음으로 추라"고 하셨다.

하지만 그 말이 가장 이해하기 어려웠다.

마음은 넘치는데, 몸이 따라주지 않았으니까...

한 번은 선생님께 크게 야단맞은 적이 있었다.

“왜 너만 혼자 다른 춤을 추는 거야?

기본기도 제대로 없으면서 니 기분대로 춤을 추냐?”고...

눈물이 날 만큼 속상했던 적이 많았다.

그럴 때마다 나는 집(거실) 또는 연습실에 홀로 남아 거울 앞에 서서 안되는 동작을 수십 번 반복했다. 발끝이 바닥에 닿는 각도, 무릎의 높낮이, 중심이 흔들리지 않도록 복근에 힘을 주는 방법까지 하나하나 점검하며 완벽한 흐름을 만들기 위해 애썼다. 작은 움직임 하나에도 집중하며, 마치 붓으로 한 글자씩 정성껏 써 내려가듯 몸을 다듬는 연습을 했다.

힘들었다. 정말 많이...

하지만 그만큼 조금씩 나아지는 내 모습이 보였다.

예전엔 긴장에 손이 떨렸는데, 지금은 관객의 눈을 보며 미소를 지을 수 있다. 그리고 무엇보다도 무대 위에 서 있는 순간, 그 모든 수고는 사라지는 듯하다.

조명이 나를 비추고, 음악이 시작되는 찰나...

그 순간 나는 더 이상 ‘평범한 나’가 아니라, 음악과 하나 된 또 다른 존재가 되는 것 같다.

모든 감정이 춤이 되어 흐르고, 그 흐름 속에서 나는 자유로워진다.

무대 위의 춤은 나의 이야기다.

가끔은 춤을 추며 눈물이 난다.

기쁨과 슬픔, 좌절과 성취가 몸을 통해 흘러나올 때, 나는 춤을 넘어서 삶을 추고 있다는 느낌을 받는다.

그런 순간마다 나를 가장 가까이에서 지켜봐 준 가족들의 응원은 무엇보다 큰 힘이 되었다.

조용히 간식을 챙겨주신 어머니, 늘 묵묵히 곁에서 응원해주는 남편,

“우리 엄마가 최고야”라고 말해주는 사랑스러운 아들들,

그리고 힘들 때마다 “괜찮아, 우리 용희는 무대에서 빛나잖아”라고 다정히 위로해 주던 언니들…

그 따뜻한 사랑이 있었기에 나는 포기하지 않고 여기까지 걸어올 수 있었다.

나는 어떻게 지금의 내가 되었을까? 그 답은 언제나 ‘춤’ 안에 있었다.

춤은 내 삶을 비추는 거울이자, 내가 누구인지 잊지 않게 해주는 가장 진실한 언어이다. 그리고 오늘의 나는 그 오랜 시간 속에서 춤과 함께 성장하며 만들어진 나이다. 앞으로도 나는 춤과 함께 나답게 살아가려 한다.

춤은 내 삶 그 자체이니까…

그렇게 오늘도 나는 K-Dance에 로그인한다.

별다른 이유 없이, 하지만 누구보다 분명한 마음으로…

/ 2025. 01. 15

2

한국춤: '내가 선택한 길이 아니라, 나를 선택한 길이었다.'

나와 한국춤의 인연은 극히 평범하고 우연하게 시작되었다. 남들처럼 어린 시절부터 무용을 배운 것도 아니었고, 특별한 계기가 있었던 것도 아니었다. 그러나 운명처럼 전통춤의 길로 들어서게 된 그 첫 만남은 지금까지도 내 삶의 중요한 전환점으로 남아 있다.

한국춤과의 첫 인연은 중학교 시절이었다. 어느 날, 국립전통국악예술고등학교에서 온 언니들이 가야금 병창과 무용학과를 홍보하기 위해 실연(實演)을 선보였다.

그들의 공연을 보는 순간, 마치 번개가 치듯 마음속에서 강렬한 깨달음이 들었다.

"아! 이 길이 내가 가야 할 길이구나."

평범했던 일상이 갑자기 새로운 방향으로 열리는 느낌이었다.

특히, 그 해만 국악예고는 실기시험을 치르지 않는 이례적인 제도를 운영하고 있었기에 큰 부담 없이 지원할 수 있었다. 그렇게 운 좋게 학교에 입학하면서 한국춤의 세계로 첫발을 내디디게 되었다. 한국춤과의 만남은 그리 특별한 사건으로 시작되지 않았지만 그 인연은 내 안에서 천천히 그러나 깊이 뿌리내리기 시작했다.

지금 돌아보면, 만약 그 순간이 없었다면 내 삶은 얼마나 달라졌을까 하는 생각이 종종 든다. 한국춤은 내가 선택한 길이라기보다는 오히려 나를 선택한 길이었다.

그리고 그 길은 내가 어떻게 살아가야 하는지, 왜 살아가는지를 스스로 묻게 하고, 그에 대한 깊은 깨달음을 안겨주었다.

고등학교 시절, 춤을 처음 시작했을 때 그야말로 "춤의 걸음마"를 떼는 초보자였다. 남들처럼 어릴 때부터 기본기를 다져온 것도 아니었기에 기초부터 하나씩 배워야 했고, 그것은 나에게 몇 배의 노력과 인내를 요구했다.

그 과정은 고되었지만, 지나고 보니 춤을 배우는 본질적인 기쁨과 성취를 맛볼 수 있었던 시간이었다.

처음 춤을 접했을 때의 느낌을 떠올리면 마치 처음 자전거를 탔을 때와 같았다. 보조바퀴를 떼고 비틀거리며 앞으로 나아가려 할 때의 그 긴장감, 멈추지 않고 흔들리던 순간들 말이다. 몇 번이나 넘어질 것 같은 불안감 속에서도 결국 중심을 잡는 법을 스스로 익혀야만 자전거가 나아가는 방향을 내가 정할 수 있듯이 춤도 그랬다.

처음에는 몸이 원하는 대로 움직이지 않았고, 중심을 잡지 못해 좌충우돌하던 순간들이 많았다. 그러나 그 흔들림과 넘어질 듯한 긴장감 속에서 조금씩 중심을 잡아가는 과정을 통해 비로소 춤의 기본기를 배울 수 있었다.

춤추는 법은 동작을 익히는 것이 아니라, 마음과 몸이 하나가 되는 균형과 조화를 찾아가는 과정이었다.

그렇게 중심을 잡는 법을 터득하면서 춤은 자신과의 대화, 내면과의 조율이라는 것을 깨달았다. 비틀거림과 흔들림, 그리고 그 안에서 중심을 잡아가는 과정은 춤의 기초를 배우는 것을 넘어 삶의 중요한 교훈을 내게 가르쳐주었다.

넘어진 후 다시 일어나고, 흔들리면서도 중심을 잡아가는 것은 춤에서도 삶에서도 결국 같은 원리였던 것이다.

“久久(구구)하면 必有立處(필유입처)”라는 말처럼, 꾸준히 노력하다 보면 결국 자신의 자리를 찾고 깨달음을 얻는 순간이 찾아온다는 것을 춤을 통해 배웠다. 삶 속에서 물을 마실 때 그 차가움과 따스함을 자연스럽게 느끼듯, 춤 또한 꾸준히 몰입하며 그 본질과 깊이를 스스로 알아가게 되었다.

지금 내가 이 자리까지 올 수 있었던 것은 단순히 맹목적으로 노력했기 때문만은 아니다. 무엇보다도 스승의 가르침이 나의 뿌리가 되었고, 이를 바탕으로 나만의 방식으로 춤을 연구하고 창의적인 경험을 쌓아온 결과라 생각한다.

스승의 가르침은 방향을 제시해 주며, 나의 연구와 경험은 그 길을 나만의 것으로 만드는 과정이 되었다.

그렇게 춤을 배우는 과정은 삶의 모든 순간 속에서 춤을 깨닫는 것이었다. 한 걸음 한 걸음이 흔들림과 중심을 잡는 연속이었다면, 이제는 그 과정을 통해 나만의 춤길을 만들어가고 있다. 춤은 내게 있어 움직임의 예술이 아닌 삶 그 자체를 닮은 깊은 깨달음의 행위다.

한국춤은 종종 “손 하나만 들어도 춤이 된다”는 말로 설명되곤 한다.

겉보기엔 손짓이나 조용한 움직임일 수 있지만, 그 안에는 깊은 감정과 섬세한 에너지가 담겨 있다.

겉으로 보이는 화려한 동작이 아니라, 아주 천천히 손을 들어 올리거나 시선을 옮기는 그 순간에도 춤은 마음과 호흡, 그리고 시간의 결을 따라 흐른다.

그래서 한국춤은 겉으로 보이는 동작보다 그 안에 숨겨진 내면의 흐름과 감정, 그리고 집중의 깊이에 더 큰 가치를 둔다.

조용해 보일 수 있지만, 그 속엔 무수한 감각과 리듬이 오롯이 살아 숨 쉬고 있다.

그래서 한국춤의 본질은 삶의 리듬과도 닮아있는 것 같다. 한 들숨과 한 날숨으로 이어지는 생명의 흐름처럼 춤은 억지로 만들어지는 것이 아니라 저절로 몸에서 흘러나오는 자연스러운 움직임처럼 말이다.

이처럼 한국춤과의 나의 인연은 마치 잔잔한 강물 속에 던져진 돌멩이 하나처럼 조용히 그러나 깊게 퍼져나갔다. 어느 날 문득 마주한 그 춤사위는 내 삶의 결을 바꾸었고, 나는 알 수 없는 힘에 이끌리듯 그 길 위에 서 있었다.

돌이켜보면 한국춤은 늘 그 자리에 있었고, 내가 그곳을 지나쳤을 뿐이다.

어쩌면 내가 한국춤을 찾아간 것이 아니라, 한국춤이 나를 알아보고 기다려준 것일지도 모른다. 그 길은 쉽지 않았다.

어릴 적부터 차곡차곡 기본기를 다져온 친구들 틈에서 시작은 늘 뒤처지는 발걸음이었지만 그 덕분에 나는 단지 '춤추는 법'이 아니라 '춤을 살아내는 법'을 배울 수 있었다.

한국춤은 나에게 움직임이 아닌 '숨'이었다.

억지로 표현하는 것이 아니라, 안에서부터 자연스럽게 흘러나오는 생명의 호흡… 손끝 하나에도 숨결 하나에도 수백 년의 시간과 이야기가 녹아

있는 춤…

그 춤은 내 안의 감정과 기억, 철학을 하나로 엮어내며 삶을 견디는 힘이 되어주었다.

스승의 손끝에서 전해진 온기, 장단 속에서 맞춘 호흡, 무릎이 부어도 놓을 수 없던 연습실의 바닥…

그 모든 순간이 하나의 길이 되었고, 나는 그 길에서 나를 다시 만났다.

한국춤은 “내가 선택한 길이 아니라, 나를 선택한 길이었다.”

/ **2016. 07. 22.**

3

뇌보다 감각이 먼저다

춤이란 인간이 가장 본능적으로 표현할 수 있는 예술이다. 언어가 생기기 이전부터 인간은 기쁨, 슬픔, 고통, 희망 등을 몸으로 표현해 왔다. 말로 설명하기 어려운 감정을 움직임으로 드러내고 말보다 깊은 감동을 타인에게 전달한다.

춤은 몸으로 쓰는 시(詩)이며, 호흡으로 그리는 그림이자, 시간 위에 새겨지는 흔적이다.

춤의 본질은 몸의 움직임을 통해 마음의 결을 드러내고, 보이지 않는 내면의 감정을 형상화하는 데 있다. 예컨대 한국춤에서 슬픔은 반드시 흐느끼거나 몸을 땅에 내던지는 격정적인 방식으로 표현되지 않는다.

오히려, 치맛자락 끝을 가만히 움켜쥔 손끝의 떨림, 허리를 낮추며 서서히 고개를 떨구는 동작, 한 발을 디디지 못하고 망설이다 이내 멈추는 몸짓 속에 더 깊은 슬픔이 담긴다. 눈물 한 방울 없이도 보는 이의 가슴을 저미는 이유는 그 움직임이 화려함을 넘어서 진심 어린 감정에서 비롯되기 때문이다. 중요한 것은 얼마나 큰 동작을 하느냐가 아니라, 그 작은 떨림 속에 어떤 마음이 담겨 있느냐이다.

춤은 또한 존재의 증명이다. 사람은 생각 없이도 움직일 수 있지만, '춤'은 '지금 이 순간 여기에 내가 있다'는 감각을 강하게 만든다. 무대 위든 일상 속이든 춤을 추는 그 순간, 사람은 세상과의 연결을 확인하고, 스스로를 다시 마주하게 된다.

춤은 생각으로 시작하지 않는다. 우리는 머릿속에서 모든 걸 계획한 뒤에 움직이는 것 같지만, 정작 가장 깊은 움직임은 생각보다 감각이 먼저 반응할 때 나온다.

한 박자 빠르게 전해지는 음악의 떨림, 피부에 스치는 공기의 밀도, 발바닥에 느껴지는 바닥의 거칠기... 춤은 그런 감각의 언어로 시작된다.

예를 들어, 갑자기 쏟아지는 빗소리에 몸이 움츠러들거나 낯선 공간에 들어섰을 때 등줄기를 타고 흐르는 긴장감 같은 것들...

이건 모두 몸이 먼저 반응하는 경험이다. 춤도 그렇다.

음악을 듣자마자 다리에 힘이 들어가고, 손끝이 먼저 반응하는 순간, 그건 뇌보다 감각이 앞선 증거다.

그래서 한국춤을 출 때 가장 중요하게 여기는 것 중 하나가 '형(形)'보다 '기(氣)'를 중시한다. 눈에 보이지 않지만 확실히 느껴지는 에너지, 즉 '느낌'이 먼저 있어야 비로소 형(形)이 따라온다. 겉모양이 정확해도 그 안에 진심이 없으면 춤이 아니라, 그저 모방에 지나지 않는다.

그래서 스승들은 종종 이렇게 말씀하신다.

"머리로 외우지 말고, 몸으로 느껴라."

반면, 약간의 실수나 어색함이 있어도 마음에서 우러나오는 움직임은 사람의 마음을 움직인다. 이처럼 춤은 곧 진심의 언어인 것이다.

현대무용이나 스트릿 댄스에서도 이런 감각의 우선성은 뚜렷하게 드러난다. 무대 위에서 즉흥으로 이루어지는 즉흥춤은 계산된 안무가 아니라, 오롯이 몸의 감각이 이끄는 대로 흐른다.
그 순간 뇌는 뒤로 물러나 있고, 오직 몸과 감정이 대화하고 있을 뿐이다. 이처럼 춤은 '이해'로 하는 예술이 아니라, '느낌'으로 하는 예술이다.

이런 흐름은 분명 긍정적이다. 누구나 몸으로 자신을 표현할 수 있고, 테크닉보다는 표현의 자유가 우선되는 시대이기 때문이다. 하지만 동시에 춤이 '보여주기 위한 퍼포먼스'로만 소비될 위험도 함께 존재한다.

자극적인 동작, 속도와 완성도에 집착하다 보면, 춤의 본래 목적인 자기 내면의 감정과 사유를 몸으로 표현하는 행위는 점점 흐려질 수 있다.

그래서 지금 이 시대에 필요한 것은 춤을 소비하는 것이 아니라 '춤을 살아내는 사람'이 필요한 것이다.

무대 위에서 보여지는 몇 분의 공연을 위해 수십 시간의 연습을 견뎌낸 사람, 그 동작 하나에 자신의 삶을 녹여내는 사람, 관객에게 잘 보이기 위한 춤이 아니라 자신의 내면을 마주하고 표현하는 진짜 춤을 추는 사람이 필요하다.

춤을 소비한다는 건 그저 화려한 동작과 겉모습만을 보는 것이다.
그러나 '춤을 살아낸다'는 것은 한 호흡, 한 걸음마다 삶의 감정과 사유가 담긴 몸짓으로 세상과 소통하는 일이다.

그래야 비로소 춤은 기억되고, 사람의 마음을 울리며 오래도록 남는 것 같다. 우리에게 필요한 것은 춤을 '잘 추는 사람이 아니라, 춤으로 '자신을 살아가는 사람'이다.

몸으로 표현하고, 마음으로 느끼며, 예술로 삶을 증명해가는 그런 사람 말이다. 말로 설명할 수 없는 감정이 들끓을 때, 우리는 그 감정을 정리해서 설명하려 하기보다 몸을 움직여 본다.

그렇게 손을 뻗고, 발을 옮기고, 허리를 휘게 하는 모든 움직임의 과정이 감각의 언어이며, 몸이 가장 먼저 진실을 말해주는 순간이다. 그래서 춤은 때로 뇌보다 더 정직하고, 더 깊이 있는 감정의 언어가 된다.

"뇌보다 감각이 먼저다"라는 말은 춤이라는 예술이 탄생하는 본질적인 원리이자, 인간이 감정을 세상과 나누는 본능적인 방식이 아닌가 싶다.

/ 2025. 02. 12

4

—

리듬도 시대를 탄다: 요즘 춤, 옛날 춤

21세기는 춤이 대중문화의 중심으로 자리 잡은 시대다. 2021년과 2022년에 방영된 <스트릿 우먼 파이터>와 <스트릿 맨 파이터>라는 서바이벌 춤 배틀 프로그램는 큰 성공을 통해 대중들에게 춤의 매력을 새롭게 알린 사례로 기억된다.

이렇게 생각지 못했던 <스우파·스맨파>의 성공은 춤꾼들이 보여준 진심 어린 노력과 독창적인 춤의 색깔 그리고 치열한 경쟁 속에서도 발휘된 동료애와 열정 때문이 아닐까 싶다.

<스우파>와 <스맨파> 프로그램을 보며 인상 깊었던 것은 댄서들이 즉흥적인 미션이 주어지는 당황스러운 상황 속에서도 마치 인생의 마지막 승부수를 던지듯, 지금껏 갈고닦은 기량을 쏟아내며 치열하게 경쟁하는 모습이었다.

그 모습은 잔혹하리만큼 치열했지만, 동시에 예술에 대한 열정과 각자의 서사를 응축해 보여주는 장면들이었기에 깊은 감동을 받을 수밖에 없었다. 이 프로그램이 특히 흥미롭게 다가왔던 이유는 그들의 경쟁 구도가 필자가 몸담고 있는 무용계의 현실과도 많이 닮아 있었기 때문이다.

경쟁이라는 맹목적인 합리주의에 맞서듯, 출연진들은 이 서바이벌 배틀 속에서 자신만의 존재 이유를 끊임없이 증명해 보였다.
그 모습을 보며 나는 문득 생각했다.

이 무대에 서기까지 또 살아남기 위해 이들은 얼마나 오랫동안 춤에 대해 고민하고 스스로를 갈고닦아 왔을까?

승부를 넘어 각자의 삶과 철학이 녹아 있는 무대였기에 더욱 깊은 인상을 남겼다.

화면 속 그들의 모습은 연습실에서 무대에 오르기까지 서로를 향한 존중과 배려, 그리고 눈빛에 담긴 동료애에서 진정성이 느껴졌다. 우리 춤계와 닮은 듯 닮지 않은 듯한 그들의 태도는 결국, 춤에 대한 순수한 열정과 깊은 진심으로 연결되어 있었다.

완벽한 호흡을 맞춰가며 다채로운 작품을 함께 만들어가는 그들의 과정은 보는 이로 하여금 큰 감동을 주었다. 한 동작, 한 호흡의 완성도를 높이기 위해 끝없이 연습하고, 각자의 진심과 삶의 이야기를 춤으로 풀어내는 그들의 자세는 깊은 울림을 주었다.

특히, 리더들의 배틀 중 스승 허니제이와 제자 리헤이의 맞대결은 깊은 인상을 남겼다. 리헤이는 약자로서 스승의 이름을 당당히 호명했고, 이제는 사제지간이 아닌 하나의 리더로서 허니제이 앞에 섰다.

제자이지만 실력 면에서 결코 밀리지 않았던 그 순간은 배틀을 넘어 청출어람(青出於藍)이라는 강한 메시지를 전했다.

제자가 스승에게 당당히 도전하며, 서로의 경계를 뛰어넘어 춤으로 재회한 모습은 춤이 경쟁을 넘어선 교감의 언어임을 보여주었다.

또한, 배틀 이후 진솔한 태도로 결과를 겸허히 받아들이는 모습은 춤이 퍼포먼스가 아니라 인간의 삶을 깊이 담아낸 언어임을 느끼게 해주었다. 결과가 나온 후, 자존심보다 솔직함이 전해주는 그녀들의 꾸밈없는 모습은 감동을 주었고, 그 순간은 보는 이의 마음까지 뭉클하게 만들었다.

그동안 댄서들의 첫 이미지와 온갖 거친 표현이 주는 인상으로 선입견을 갖고 보게 되었던 자신에게 또 한번 비대칭적 통찰의 착각을 갖게 하는 시간이 되기도 했다.

비록 난장(亂場)처럼 혼란스럽고 거친 무대였지만, 그 속에 내던져진 댄서들은 누구보다 당당하고 매력적으로 빛나 보였다.

문득 생각했다. 과연 우리 순수무용계에서도 그런 식의 '배틀'이 가능할까?

그러한 방식의 무대가 과연 우리에게도 열릴 수 있는 일일까?

그들은 단지 세계적인 주목을 받거나 대중의 인기를 얻기 위한 퍼포먼스가 아니었다. 오히려 그들만이 지닌 독특한 정신세계, 춤에 대한 진심 어린 태도, 동료에 대한 깊은 애정, 그리고 탁월한 실력에서 비롯된 에너지가 무대를 채우고 있었다. 그 모습을 보며 나는 생각하게 되었다.

과연 그런 진심과 태도, 공동체 정신을 우리 무용계에서도 구현할 수 있을까?

그들의 목표는 오로지 진심인 춤뿐이고, 한 치의 거짓 없는 몸과 마음의 언어와 그것을 삶의 주축으로 삼으며 오랜 길을 걸어온 댄서들의 열정적인 에너지[一心]에서 비롯되었기 때문에 유난히 빛나 보였던 프로그램이었던 같다.

춤이란 마음의 세계를 몸으로 표현하는 가장 아름다운 언어이자 무한한 내면의 세계를 몸으로 표현하는 소통의 메시지라 생각한다.

인생과 춤, 이 둘 사이에는 놀라운 공통점이 있다. 바로 '정답이 없다'는 것이다. 춤처럼 인생에도 정해진 공식은 없다. 누구나 자신만의 길을 걷고, 자신만의 리듬으로 살아가고 있다. 이런 관점에서 "나에게 춤이란 무엇인가"라는 근원적인 질문을 자주 던지곤 한다.

춤을 배우는 길은 결코 평탄하지 않는 것 같다. 수많은 실패와 상처, 그리고 고통이 그 길에 함께한다. 춤을 익히는 동안 나는 수없이 넘어지고, 때로는 깊이 좌절했지만, 그럴 때마다 다시 일어나며 한 걸음씩 나아갔다.

마치 가뭄에 바닥이 드러난 호수에서 물고기들이 서로의 숨을 지켜주기 위해 거품을 뿜어내는 것처럼 나는 내 몸과 마음의 아픔을 춤으로 감싸고 표현했다. 그렇게 상처는 나를 더 단단하게 만들었고, 춤은 나를 다시 일어설 수 있게 해주었다.

사람마다 몸의 리듬, 움직임의 결이 다르듯이 춤의 방식도 모두 다르다. 그래서 춤은 '비교'가 아닌 '표현'의 예술이다. 실패가 많을수록 내 안에 쌓이는 통찰과 감각도 깊어지는 것 같다. 나는 그런 경험을 통해 춤과 인생은 결국 '더불어 살아가는 것'이라는 진리를 새삼 깨닫게 된다.

'더불어 살아간다'는 것은 서로를 이해하고 존중하며, 때로는 기댈 수 있는 존재가 되어주는 것이라 생각한다. 나 혼자만의 리듬이 아닌 함께 어우러지는 움직임 속에서 삶은 더욱 풍성해지고 깊어진다.

춤 역시 마찬가지다. 상대의 호흡을 느끼고, 조화를 이루기 위해 끊임없이 자신을 조율해야 한다. 그런 의미에서 춤은 단지 나를 위한 표현이 아니라, 타인과 함께 살아가기 위한 배움의 과정이기도 하다.

그래서인지, 문득 춤은 부모님과도 같다는 생각이 든다. 사람이 태어나 처음 만나는 존재가 부모이듯 나에게 춤은 삶의 출발점이자 가장 가까운 존재이다.

부모님이 늘 조용히 곁에서 나를 지켜봐 주고, 힘들 때는 묵묵히 나의 편이 되어주듯 춤도 그런 존재였다. 힘들고 지칠 때면 춤이 나를 감싸주었고, 다시 일어날 수 있는 힘이 되어주었다.

이처럼 춤을 통해 삶의 철학과 인생의 방향성을 배우며 성장해왔다. 많은 사람들은 춤을 무대 위에서 반짝이는 퍼포먼스로 생각하곤 한다. 하지만 나에게 춤은 그보다 훨씬 깊은 의미를 지닌다. 춤은 '어떻게 살아야 할까?'라는 인생의 근본적인 질문에 답을 찾아가는 여정이라 생각한다.

춤을 배우고 익히는 과정 속에서 나는 배움의 기쁨과 길을 따르는 즐거움을 함께 느꼈다. 이른바 '호학(好學)'과 '낙도(樂道)'의 정신을 춤을 통해 직접 체험한 셈이다. 이는 마치 평생 그리워했던 어떤 위대한 존재가 멀리 있는 것이 아니라, 사실은 내 안에 있었다는 깨달음을 얻는 순간과도 같다.

예전에는 춤을 잘 추려면 열심히 외우고 따라 하기만 하면 된다고 생각했다. 머리로 익히고, 몸으로 반복하는 것으로 충분하다고 여겼던 것이다.

그러나 『논어』속 공자의 말씀을 떠올려보면, 진정한 배움은 '배움과 생각'이 함께 가야 한다는 사실을 깨닫게 해준 것이었다.

"공자께서 이르기를 배우기만 하고 생각하지 않으면 얻는 게 없고, 생각만 하고 배우지 않으면 위태롭다."(子曰 學而不思則罔, 思而不學則殆)라는 말처럼, 진짜 배움은 머리와 마음이 함께 움직일 때 비로소 이루어지는 것이다.

철학자 칸트 역시 형식과 내용이 균형을 이뤄야 온전한 이해가 가능하다고 말했는데, 이 말은 춤에도 똑같이 적용되는 것 같다. 형식만 있으면 공허하고, 내용만 있으면 맹목적이라는 그의 말은 몸짓이라는 형식 안에 내 감정과 철학이 담겨야 그 춤이 비로소 살아 숨 쉬는 예술이 되는 것이다.

결국, 공자와 칸트의 가르침은 한 가지 진실로 모인다. 진정한 앎과 예술은 형식과 내용, 지식과 성찰, 머리와 마음이 조화를 이룰 때 비로소 완성된다는 것이다.

그런 의미에서 나의 춤에 대한 자세는 삶을 성찰하고 사람됨을 닦아가는 과정이다. 그래서 춤은 배움이자 수행이며, 나를 성장시키는 여정이라고 할 수 있다.

삶을 통해 춤을 "배우고 때때로 익히면 그 또한 기쁘지 아니한가? (學而時習之 不亦說乎)"라는 『논어』의 구절처럼 춤을 통해 나의 인격이 조금씩 완성되어 간다는 생각에 스스로 기쁘고 감사해진다. 이 기쁨은 곧 '호학(好學)' 이며, 삶의 길을 즐겁게 걷는 낙도(樂道)의 경지가 아닌가 싶다.

나는 앞으로도 남들에게 보여주기 위한 학문(爲人之學)이 아닌, 나 자신을 수양하고 표현하는 춤, 즉 '나를 위한 배움(爲己之學)의 정신으로 춤을 대하고자 한다. 그리고 그 춤을 통해 행복한 삶을 실천하는 '위행지생(爲幸之生)'의 삶을 살아가고 싶다.

결국, 춤은 '어떻게 살아야 할까? (How to live)'에 대한 삶의 근본적 물음에서 시작된다. 그 물음 앞에서 언제나 배우는 마음, 사유하는 자세, 나를 넘어서고자 하는 마음으로 춤과 함께 살아가려 한다.

/ 2022. 02. 25.

5

춤과 대중문화의 변화

#스테이지 파이터

<스트릿 우먼 파이터>와 <스트릿 맨 파이터>에 이어 2024년 <스테이지 파이터>는 또 한 번 춤의 대중적 가치를 증명한 프로그램이었다. ‘스테이지 파이터’는 단순한 댄스 서바이벌이 아니라 순수예술 무용을 보다 대중에게 소개하고 공감받게 하기 위해 기획된 감성 중심의 예술 프로그램이었다.

과연 우리 순수무용계에서도 그런 형식의 ‘배틀’이 가능할까?

그러한 방식의 무대가 과연 우리에게도 열릴 수 있을까?

그런 질문을 품고 있던 찰나, 실제로 이 프로그램을 통해 그 가능성이 실현되었다.

<스트릿 우먼 파이터>와 <스트릿 맨 파이터>가 대중무용의 강렬함과 개성을 부각했다면, ‘스테이지 파이터’는 발레, 현대무용, 한국무용이라는 순수무용을 중심으로 경쟁이라는 형식을 빌리면서도 서로를 존중하고 예술적 감동을 전하는 모습을 통해 순수무용도 충분히 대중과 소통할 수 있다는 희망을 보여주었다.

이 프로그램이 더욱 특별하게 다가온 이유는 장르별 대결을 넘어서 오늘날 무용계에서 벌어지고 있는 변화와 현실을 고스란히 담아냈다는 점이다.

현재 무용계는 전통과 현대, 순수와 대중, 장르와 장르 사이의 경계가 점차 허물어지고 있는 과도기를 지나고 있다.

이러한 흐름 속에서 무용은 더 이상 고정된 형식에 머물지 않고, 사회적 메시지와 예술적 실험, 그리고 개인의 정체성을 표현하는 매개체로 확장되고 있다.

특히, 한국무용의 변화는 그야말로 눈여겨볼 만하다. 국립무용단의 최호종이 선보인 작품들은 무용단 출신답게 정교한 테크닉과 치밀한 구성미를 바탕으로 감각적이면서도 강렬한 무대 연출을 통해 한국무용이 지닌 새로운 가능성을 제시하고 있다.

그는 무용이라는 예술 언어를 통해 날카롭고 세련된 메시지를 전달하며, 전통을 재해석한 현대적 감수성을 입체적으로 풀어냈다. 무대 위에서 움직이는 그의 안무는 감정의 결을 섬세하게 따라가는 칼날 같은 예리함과 예술적 완성도를 동시에 지니고 있었다.

반면, 기무간은 한국무용의 정형성과 형식을 근간으로 하면서도 이를 해체하거나 확장하는 방식으로 독자적인 색채를 드러냈다. <왕의 기원>에서는 장중하고 엄숙한 분위기를 현대적인 무대 연출과 접목해 전통의 깊이를 더했으며, <부서지는 중독>에서는 파격적인 동작과 리듬감 있는 구성으로 현대적 감각을 강조하며 관객의 시선을 사로잡았다. 특히, 몸을 통해 전달되는 파열과 균열의 미학은 전통의 재현이 아닌 그 너머의 감정과 시대정신을 포착하려는 시도로 읽혀졌다.

이처럼 상반된 스타일의 무용가들이 펼치는 대결 구도는 한국무용이 얼마나 다양한 표현 방식과 퍼포먼스를 품고 있는지를 잘 보여준다. 이는 전통과 현대, 정형과 실험, 절제와 폭발이 한 무대 위에서 공존할 수 있다는 사실을 입증하며, 관객들에게 한국무용의 진면목을 새롭게 인식시키는 계기가 되었다. 그 자체로도 매우 흥미롭고, 앞으로의 가능성을 기대하게 하는 장면들이 많았다.

현대무용은 전통적인 한국무용과의 연결고리를 유지하면서도 더욱 자유롭고 실험적인 스타일을 지향하는 경향이 뚜렷하게 나타난다. 특히, 김혜현이 선보인 <자유를 향한 질주>는 그 흐름 속에서도 유독 강렬한 인상을 남긴 작품이었다.

그는 기존 현대무용에서 자주 사용되는 즉흥성과 해체주의적 움직임을 한층 더 극대화하며, 감정의 원초적 에너지와 몸의 본능적인 반응에 집중했다.

무대 위 김혜현의 움직임은 전통적인 서사나 구조를 따르지 않고, 예측을 완전히 벗어난 방식으로 전개되었다. 갑작스러운 방향 전환, 비틀린 자세, 몸의 균형을 일부러 무너뜨리는 듯한 동작은 마치 틀에 갇힌 자신을 찢고 나가려는 내면의 절규처럼 느껴졌다. 한국무용의 절제된 선이나 발레의 정제된 동작과는 전혀 다른 감각의 언어였고, 그 안에는 즉각적이고 날것의 감정이 고스란히 담겨 있었다.

관객은 그 움직임을 '이해'하기보다 '느끼는' 방식으로 받아들이게 되는 것 같다. 김혜현은 무용수이자 안무가인 동시에 해방을 꿈꾸는 존재로 무대 위에서 육체 그 자체를 하나의 메시지로 사용한다.

그의 작품은 정형화된 미와 서사에서 탈피하여, 인간의 내면 깊숙한 곳에 자리한 감정의 흔들림을 시각적으로 구현해낸 시도였다. 그런 점에서 '자유를 향한 질주'는 현대인의 불안과 욕망, 그리고 자유에 대한 갈망을 상징적으로 드러낸 퍼포먼스였다.

발레의 세계 또한 각 무용수의 해석과 스타일에 따라 뚜렷한 차별성과 개성을 드러낸다. 김유찬은 고전 발레의 정수를 구현하는 대표적인 테크니션으로 한 치의 흐트러짐 없는 동작과 정교한 테크닉으로 무대 위에서 절제된 아름다움을 선사한다.

특히, 그의 점프는 가볍고도 힘차며, 회전은 고도의 균형 감각과 정확성을 바탕으로 완벽한 궤적을 그린다. 김유찬의 무대는 형식미와 고전미 그리고 전통 발레가 지닌 정제된 우아함을 오롯이 보여주는 교과서 같은 예술적 체현이다.

반면 강경호는 발레의 형식적인 틀을 유연하게 해석하며, 보다 감정적이고 서사적인 접근을 통해 관객과의 정서적 교감을 이끌어 냈다. 그는 발레를 극적 감정과 드라마를 품은 예술적 표현의 도구로 삼는다.

무대에서 보여주는 그의 몸짓은 때로는 연극처럼 서사적이며, 절제된 움직임 속에서도 강렬한 내면의 울림을 전한다. 감정을 눈빛과 호흡, 시선의 흐름까지 연결시키며, 관객이 그 서사에 몰입하게 만드는 힘을 지녔다.

같은 '발레리노'라는 이름 아래, 두 사람은 전혀 다른 발레의 세계를 보여주었다.

김유찬이 전통과 정확성, 형식의 미학을 고수한다면, 강경호는 그 형식에서 벗어나 표현력과 감성의 확장을 추구한다. 두 무용수의 스타일은 대조적이지만 '스테이지 파이터'라는 무대 위에서는 이 차이가 곧 발레의 다양성과 매력을 증명하는 요소가 되었다.

기술적 완벽함과 감성적 몰입이라는 두 가지 극의 무대는 관객에게 발레의 깊이와 넓이, 그리고 그 안에 숨은 예술적 서사를 새롭게 인식하게 해주었다. 마치 한국무용에서 전통과 실험이 부딪혀 새로운 장을 열듯 발레 또한 그 내부에서 다양한 해석과 시도를 통해 끊임없이 확장되고 있었다.

이러한 대조는 무용이라는 예술 장르가 단지 신체적 표현에 그치지 않고, 이야기와 감정, 기술과 철학이 맞닿은 종합예술임을 다시 한번 실감하게 해주었다.

그러나 이 모든 아름다움 뒤에는 무용수들이 겪는 현실적인 어려움이 존재한다. 무용계에서도 장르 간 경계가 허물어지고 있지만, 그럼에도 불구하고 무용수들이 경제적으로 자립하는 것은 여전히 어렵다.

국공립 무용단에 소속되지 않는다면, 대부분의 무용수들은 프리랜서로 활동하며 공연을 통해 생계를 유지해야 한다. 그러나 공연 기회 자체가 많지 않고, 생계를 위한 무용의 꾸준한 활동을 이어가기란 쉽지 않다. 한국에서 무용수로 살아간다는 것은 오랜 수련과 엄청난 노력에도 불구하고 안정적인 경제적 보장을 받기 어려운 일이기도 하다.

<스테이지 파이터>는 무용수들이 배틀을 통해서 생존을 건 무대 위에서 자신의 모든 것을 쏟아내는 공간이었을 것이다. '몸으로 싸우는 무용수들의 잔혹한 계급 전쟁'이라는 타이틀이 붙을 만큼 이곳에서의 경쟁은 승패를 넘어 무용수들의 철학과 예술관이 부딪히는 공간이 되는 것 같다.

하지만 이 프로그램이 무용수들의 삶을 조명하고, 그들의 예술적 가치를

대중에게 널리 알리는 계기가 된다면, 무용수들의 현실 또한 한층 나아질 수 있을 것이다.

더 나아가 이러한 프로그램을 통해 무용수 개인의 서사뿐 아니라, 무용 교육자와 예술행정 종사자, 무용 전공자의 진로 및 취업 문제 등 무용계 전반이 안고 있는 구조적 어려움까지 함께 비출 수 있을 것이다.

이처럼 무용계를 둘러싼 문제들에 대한 사회적 공감과 논의가 확산된다면, 실제적인 해결의 실마리를 모색하는 계기 또한 마련될 수 있을 것이다.

앞으로도 또 다른 <스테이지 파이터>가 대중들이 쉽게 공감할 수 있는 방식으로 다가선다면, 순수무용은 더 이상 소수의 전문가들만의 예술이 아니라 누구나 쉽게 접근하고 즐길 수 있는 문화가 될 것이다. 불가능해 보였던 한국무용, 발레, 현대무용이 하나의 무대 위에서 부딪히고 융합하는 그 순간, 이 프로그램은 새로운 예술의 지평을 열어주었다.

<스테이지 파이터>는 무용의 전통과 혁신이 맞부딪히는 뜨거운 전장이 되었고, 그 안에서 무용수들의 삶과 열정이 녹아든 강렬한 무대를 통해 전공자뿐만 아니라 일반 대중에게도 깊은 울림을 전했다.

앞으로 무대 경쟁에 머무르지 않고, 예술과 교육, 생존과 성장이라는 무용계의 다층적인 현실을 함께 이야기할 수 있는 장이 되기를 바란다.

/ **2024. 05. 23**

6

—

춤에는 유통기한이 있을까? 없을까?

#논쟁시작

마트에서 우유를 고를 때면 우리는 꼭 유통기한을 확인한다. 신선한 우유를 마시고 싶은 마음은 누구에게나 당연하기 때문이다. 하지만 언제부턴가 인생에도 꿈에도 심지어 춤에도 유통기한이 있다고 느끼는 사람들이 있는 것 같다.

"이 나이에 무슨 춤이야…", "젊었을 땐 나도 좀 췄지…"

이런 말을 들을 때마다 나는 슬며시 고개를 갸웃하게 된다.

왜냐하면 나는 알고 있다. 춤에는 유통기한이 없다는 사실을…

몸이 움직이고 마음이 반응하는 한, 누구에게나 춤은 여전히 살아있는 언어다.

우리 동네에는 매주 토요일이면 공원에서 음악을 틀고 춤을 추는 아주머니들이 있다. 나이를 짐작할 수 없는 그분들의 허리춤, 엉덩이춤은 누구보다 가볍고, 발끝은 시간마저 잊게 한다. 힙합, 탱고, 라틴댄스… 장르도 다양하다.

어떤 분은 반짝이는 셔츠까지 입고 오신다. 그 반짝임이 마치 이렇게 외치는 듯하다.

"지금이 제일 신나는 때야!" 라고 말이다.

어느 날, 우연히 산책을 나갔다가 재미삼아 그분들과 함께 춤을 춰봤다. 처음엔 민망하고 어색했지만, 다섯 곡째가 지나자 남편과 아들, 나도 모르게 몸이 저절로 리듬을 타기 시작했다.
누가 뭐래도, 그 순간 진심으로 행복했다. 그리고 깨달았다.

춤은 기술이 아니라 감정의 표현이라는 걸…

나이를 잴 필요도 무대를 따질 필요도 없다. 그냥 음악이 흐르면 몸이 반응하면 된다. 그것이면 충분한 것 같다.

그래서 나는 말뿐만 아니라, 눈으로도 그 진실을 확인하고 싶었다.
춤에는 정말 유통기한이 없는지, 세상은 그것을 어떻게 증명하고 있는지를…
그러던 중, 내 확신을 더욱 단단히 해준 장면을 하나 발견하게 되었다.

어느 날 영상채널을 보다가 '고무신을 신은 할머니 비보이' 영상을 보게 되었다. 처음엔 썸네일만 보고 장난인 줄 알았다. 그런데 영상이 시작되자마자 너무 웃겨서 내 턱이 바닥까지 떨어지는 줄 알았다.
흰 고무신에 꽃무늬 바지를 입은 한 할머니가 갑자기 리듬을 타기 시작하더니, 정말로 바닥에 손을 짚고 90도 턴을 하시는 거였다.

순간 주변에 있던 청년들이 "와아아아!" 하고 환호성을 지르며 박수를 쳤고, 휴대폰을 보던 나도 모르게 입에서 감탄사가 터져 나왔다.
어디서 그렇게 배운 거냐는 질문에 할머니는 웃으며 이렇게 말했다.
"젊은 시절엔 쌀을 나르느라 허리를 돌렸고, 지금은 비트를 나르느라 허리를 돌린다" 고 하셨다. 말하는 센스까지 너무나 완벽한 춤꾼이었다.

그 무대는 화려하지 않아도 사람들의 마음을 그렇게 사로잡았다.

그녀의 춤은 '젊음'이 아니라, '살아있음'을 증명하는 것 같았다.

그리고 우리집 근처 마트에는 자판기 커피를 뽑아 마시며 왈츠를 추는 할아버지 부부도 있다.

그분들은 늘 마트 중간의 한적한 주차장 광장에서 음악이 들리면 자판기 옆에서 서로를 슬며시 바라보고는 천천히 팔을 들며 춤을 춘다.

그분들의 춤은 아주 느리고 서툴지만, 서로를 바라보는 눈빛에는 수십 년의 시간이 춤처럼 녹아 있었다.

그 모습이야말로 진정한 인생의 리듬이 아닐까?

그들의 춤에는 화려한 동작은 없다. 그저 두 사람의 발끝이 조용히 박자를 맞추며, 리듬을 따라 걷듯이 춤을 춘다.

하지만 그 장면은 마치 오래된 영화 속 장면처럼 그 어떤 무대보다 아름답게 보였다.

사람들은 가끔 나이와 함께 꿈을 접고, 열정을 접고, 결국 자기 자신마저 접는다. 하지만 나는 말하고 싶다.

춤은 그 모든 것에 반대하는 가장 유쾌한 반란이라고…

넘어진다면? 다시 일어나면 된다.

박자를 놓쳤다면? 웃으면서 다시 따라가면 된다.
나이가 많다고? 그래서 더 멋있는 것 같다.

한편, 내 친구는 요즘 딸아이와 같이 ○○ 댄스 챌린지를 하고 있다.
딸아이는 발랄하고 귀엽고, 친구는 약간 몸이 뻣뻣하지만 진심으로 즐기는 모습이었다.

“나중에 아이가 크고 나면, 내가 같이 춤췄다는 추억이 남을 거야.”
친구는 그렇게 말하며 ○○ 영상 속에서 춤을 따라하며 허리를 꺾고, 팔을 흔든다. 그 모습이 꼭 “내가 춤을 추는 게 아니라 추억을 만드는 거야”라고 말하는 것 같다.

그러고 보면, 춤이란 꼭 무대 위에서 박수를 받아야만 하는 것이 아니지 않는가?
시장 한복판, 집 거실, 자판기 옆, 병원 복도, 심지어 지하철 승강장에서도 춤은 피어날 수 있다.

춤은 ‘잘 추는 것’보다 ‘즐기는 것’이 먼저인 것 같다.
심장이 뛰고, 리듬이 느껴진다면 어디든 무대가 되는 것이다.
그러니 유통기한은 커녕, 오히려 춤은 시간이 지날수록 발효되는 것이 아닐까?

그러니 오늘도 나는 말한다.

춤에는 유통기한이 없다.
단지, 내가 추고 싶을 때 추기만 하면 되니까…

/ **2025. 02. 08**

7

K-춤의 혼魂, 얼의 미학

사람들을 만나면 종종 듣는 말이 있다.
"얼굴이 좋아 보여요."
"얼굴이 환해졌어요."
"무슨 좋은 일이라도 있으세요?"

이런 따뜻한 인사는 상대가 행복하거나, 마음속 긍정적인 기운이 얼굴을 통해 자연스럽게 흘러나올 때 전해진다. 이 간단한 인사말 속에는 얼굴이란 존재가 지닌 더 깊은 의미와 내면세계를 비추는 창(窓)으로서의 역할이 담겨 있는 듯하다.

얼굴이라는 말은 '얼과 굴'의 두 단어가 합쳐진 말이다. '얼'의 사전적 의미는 정신, 넋, 혼, 마음을 가리킨다. 다시 말해, 삶의 본질적인 정수이자 생명의 뿌리 의식과도 같은 것이다. 얼은 타고난 감각이라기보다는 자기 자신을 끊임없이 살피고 수련하며 키워가는 과정에서 비로소 깊이 인식되고 체화되는 것이다.

이때 수양(修養)은 매우 중요한 개념이다. 수양이란 자신 안의 감각과 태도를 가다듬고, 내적인 인식과 마음의 결을 다져가는 과정을 말한다. 겉으로 드러나는 말이나 행동만이 아니라, 생각과 감정의 흐름까지도 포함하여 다듬어가는 것이다. 이 과정에서 사람은 자신의 본래적 정신, 곧 '얼'을 더욱 맑고 단단하게 자각하게 된다.

따라서 얼은 바로 이런 자기 성찰과 수련을 통해 삶의 깊은 층위에서 서서히 드러나는 빛이라 할 수 있다.

반면, '굴'은 눈, 코, 입과 같은 '구멍'을 뜻한다.[1] 즉 '얼굴'은 '얼이 드나드는 통로'이자 내면적 에너지가 외부로 드러나는 의미를 담고 있다. 결국, 얼굴이란 사람의 정신과 넋이 숨 쉬고 오가는 자리, 내면이 머물다 스쳐 나오는 길목이자, 한 사람의 삶과 마음의 빛을 세상으로 투사하는 창구라 할 수 있다.

얼은 결코 꾸며서 드러낼 수 없다. 끊임없이 자신을 살피고 다스리는 내면의 연마(硏磨), 수양(修養)으로 빚어지는 것 같다. 그것은 무수한 사색의 반복 속에서 맑아진 마음이 조금씩 제 빛을 띠어 스스로를 밝히는 힘이라 할 수 있다.

이러한 얼의 개념은 어떠한 가식도 없는 진실한 내면의 상태를 얼굴을 통해 자연스럽게 드러내는 한국춤의 본질과도 맞닿아 있다.

한국춤은 춤사위의 기교에서 보여주는 화려함보다 마음에서 우러나온 흐름과 기운을 더 소중히 여긴다. 그 춤사위의 밑바탕에는 몸을 통해 마음을 표현하려는 진심이 깔려 있으며, 그 마음은 바로 '얼'에서 비롯된다.

이처럼 춤은 몸의 예술이자 마음의 예술이다. 한국춤은 마음에서 피어나는 움직임을 가장 귀하게 여긴다. 춤꾼의 손끝이 떨릴 때에는 삶의 애잔함이 실리고, 발끝이 스칠 때에는 한 시대의 꿈과 한숨이 배어난다. 춤은 곧 몸을 빌린 마음의 언어이며, 살아있는 철학의 몸짓이다.

춤꾼은 긴 시간 동안 몸과 마음을 수련하며, 자신의 내면과 외면을 하나로 연결해 나간다. 그렇게 다져진 마음은 춤사위 속에서 자신만의 깊은 생각과 감정을 온전히 풀어내는 힘이 된다.

이러한 의미에서 춤추는 사람은 자신의 마음과 몸이 잘 어우러지도록 끊임없이 연습하고 스스로를 돌아보는 과정을 거치게 된다. 이런 과정 속에서 춤은 진심이 담긴 표현이 되고, 예술로서의 아름다움도 더 깊어지게 되는 것 같다.

이때 춤은 곧 마음의 언어가 된다. 한국춤에서는 단 한 번의 발디딤, 시선처리도 결코 우연이 아니다. 그것은 춤꾼의 삶과 철학, 그리고 마음의 결이 깃든 상징적 표현이다.

움직임은 곧 삶의 서사이며, 그 안에는 춤꾼이 살아온 이야기와 세계관이 자연스럽게 스며든다. 이런 점에서 한국춤은 외형적인 미(美)만을 좇는 춤이 아니라, 춤꾼의 내면을 정직하게 비추고 투명하게 보여주는 예술이라 할 수 있다.

춤을 추는 이들은 늘 자신을 점검한다. 나의 마음이 지금 어떤가, 흐트러진 것은 없는가, 어떤 감정을 담아야 하는가? 이처럼 몸과 마음이 하나 되는 과정을 통해 춤은 진심을 담아낼 수 있고, 그 진심은 보는 이들에게도 깊은 울림을 전해준다.

이렇듯 한국춤은 한 동작, 한 호흡마다 춤꾼의 오랜 수련과 성찰의 흔적이 스며 있다. 발끝의 떨림조차 공허하지 않으며, 손끝의 떨림조차 허투루 만들어지지 않는다. 그 모든 디테일에는 춤꾼의 내면세계가 투영되어 있으며, 그 속에서 삶의 아름다움과 고통, 희망까지도 함께 녹아든다.

결국, 한국춤은 몸과 마음이 조화를 이루며, 내면의 정신과 기운을 움직임으로 구현하는 예술이다. 외형적으로 보이는 춤사위 하나하나에는 춤꾼의 감정과 철학, 그리고 삶의 태도가 새겨져 있다. 그래서 춤을 통해 외적인 아름다움만을 표현하는 것이 아니라, 내면의 빛, 곧 '얼'을 투명하게 드러내는 것이다.

'얼'은 어떤 꾸밈이나 가식이 없는 순수한 마음의 상태이다. 투명하고 진실한 내면이 그대로 흘러나오는 순간, 한국춤은 가장 강력한 울림을 만들어낸다. 무대 위에서 관객이 감동을 느끼는 이유도 바로 그 무언의 진실함과 투명함 때문이다.

그래서 나 역시 이 글을 쓰면서, 나 자신 속에 있는 '얼'을 돌아보게 된다. 나는 어떤 마음으로 춤을 추었고, 어떤 몸으로 삶을 걸어왔는가?
그리고 앞으로 어떤 빛을 지니고 어떤 춤을 세상에 남기고 싶은가?

춤을 통해 내 마음을 살피고, 몸의 움직임을 빌려 내면을 표현해보려는 그 여정을 다시금 생각한다. 그것이야말로 한국춤이 주는 궁극의 가르침이며, 오늘날 K-Dance라는 이름으로 세계에 전해지고 있는 이유이기도 하다.

/ 2018. 08. 03.

8

"이 맛, 한국춤의 맛이야!"

요즘 예능 프로그램에서는 각자의 개성과 전문성을 갖춘 셰프들이 출연하여 이목을 끌며, '쿡방'과 '먹방'이라는 요리 프로그램들이 큰 인기를 얻고 있다. 이러한 프로그램들은 음식을 만드는 과정을 보여주는 데만 그치지 않고, 시청자들의 마음 깊은 곳에 자리한 정서적 욕구를 자극하는 하나의 문화 현상이 되었다.

그렇다면, 왜 대중들은 이처럼 '쿡방'과 '먹방'에 열광할까? 이는 요리를 배우고 음식을 감상하는 즐거움만이 아닐 것이다. 바쁜 직장생활로 인해 집에서 가족과 함께 식사를 나누는 시간이 줄어들고, 1인 가구의 증가로 개인의 고독감이 커지는 사회적 변화가 요리 프로그램 인기에 크게 기여하고 있어 그런 것 같다.

특히, 요리 프로그램은 가족에 대한 그리움[情]과 일상의 공허함을 간접적으로나마 충족시키는 역할을 한다. 셰프들의 정성 가득한 요리 과정과 따뜻한 음식의 장면은 마치 집밥의 따스함을 떠올리게 하며, 사람들에게 심리적 위안을 제공한다.

먹방의 경우, 음식을 먹는 모습을 통해 시청자들에게 대리 만족을 주고, 인간 본연의 가장 기본적인 욕구인 먹고 싶은 본능을 자극하기 때문이다.

더 나아가, 쿡방과 먹방은 예능 프로그램으로 음식의 사회적 의미와 인간의 기본 욕구를 결합시킨 새로운 형태의 문화 콘텐츠라 볼 수 있다. 이는 단지 먹는 행위뿐 아니라, 소통과 위로 그리고 함께하는 느낌을 주며 현대인들의 삶에 깊숙이 자리 잡고 있는 것이다.

이러한 쿡방과 먹방의 인기는 바쁜 현대사회 속에서 사람들이 느끼는 정서적 허기와 외로움을 채우는 하나의 문화적 위안으로 자리 잡고 있다. 또한 우리 삶의 기본적인 욕구와 사회적 연결을 새롭게 조명하며, 사람들에게 음식이 생존의 수단을 넘어선 감정적이고 문화적인 경험임을 상기시켜 준다.

예로부터 식사시간은 음식을 섭취하는 행위에 그치지 않고, 공동체의 단결과 문화적 정체성을 확인하는 중요한 시간으로 여겨졌다. 특히, 식탁은 가족과 공동체가 함께 모여 정을 나누고, 문화적 가치를 공유하는 공간이었다. 나아가, 식사는 왕을 경축하고 권위를 확인하는 의식적 행위로 기능하기도 했다.

이처럼, 음식을 먹고 마시는 일에서는 욕구 충족이 아니라 법도와 예의가 철저히 지켜졌으며, 이는 음식 문화에 자연스럽게 절제와 조화의 가치를 자리 잡게 했다. 예컨대, 음식의 분량, 식사 예절, 상차림 등은 모두 공동체의 질서를 반영하며, 이를 통해 인간관계의 균형과 사회적 안정성을 유지했다.

청나라 학자 왕부지(王夫之, 1619~1692)는 『사서훈의四書訓義』에서 음식이 육체의 건강과 만족뿐 아니라, 정신적 수양과 예의범절을 기르는 중요한 요소로 작용한다고 했다.[2)] 즉, 그는 음식을 먹는 행위를 단지 '먹고 배를 채우는 것'이 아니라, 사람의 마음가짐과 도덕적 삶의 자세를 반영하는 일상 속 수양의 장으로 본 것이다.

> 맛으로 음(陰)을 기르고 기(氣)로 양(陽)을 기르는 것이 음식의 도(道)이다. 음을 기른다 함은 피를 기른다는 의미가 아니라 인간의 유순하고 청결한 덕을

함양함을 의미한다. 양을 기른다 함은 인간의 강건한 문명의 덕을 함양함을 의미한다.……음식을 정갈하게 하지 않거나 때를 넘기면 탁함이 넘치고 청결함이 부족하니 모두 탁한 기운을 길러 사람들을 어지럽힐 수 있다. …(중략) 성인에게 있어서 청결함과 탁함, 올바름과 사특함은 서로 합쳐질 수 없으니 정갈하지 않거나 때가 지난 것을 멀리한다. 음식에 있어서도 이렇게 신중하여, 경건한 태도로 매사에 임하니 예의가 지켜지고 절도에 들어맞는다.[3)]

왕부지의 이러한 해석은 유교 사상과 밀접하게 연결되어 있다. 유교에서는 인간의 행동 하나하나가 모두 인의예지(仁義禮智)의 실천이어야 한다고 보며, 식사 또한 예(禮)의 중요한 한 부분으로 간주하고 있다. 왕부지의 관점에 따르면 음식 문화는 인간의 마음과 인격을 함양하는 데 깊이 관련된 행위이다.

따라서 음식 문화 속에서 드러나는 절제, 배려, 조화, 공경의 태도는 단순한 식생활의 규범이 아닌, 인격 수양의 실천이자 사회 질서 유지의 매개체로 해석할 수 있다.

이처럼 동아시아 전통에서 음식은 생존의 수단 및 인간의 정신적 성장과 사회적 질서를 형성하는 매개체로 자리 잡았다. 음식은 육체와 정신, 개인과 공동체를 잇는 중심적 매개체로서, 절제와 조화라는 가치를 통해 사람들의 삶에 윤리적, 철학적 의미를 부여해 온 것이다.

이는 오늘날에도 유효한 메시지를 전해주고 있다. 우리가 '어떻게 먹느냐'는 단지 식사 방식의 문제가 아니라, 어떤 마음가짐으로 타인과 관계를 맺고 삶을 대하느냐와 연결된다는 점에서 왕부지의 해석은 전통적 유교 사유가 일상 속 실천과 어떻게 연결되는지를 잘 보여주는 중요한 사례라 할 수 있다.

이러한 의미에서 한국춤은 전통 음식 문화가 예의와 절제를 통해 조화를 이루는 것과 유사하다고 볼 수 있다.[4)]

특히, 한국춤은 춤추는 이의 내적 정서와 외적으로 드러나는 춤사위가 조화를 이루는 것을 본질로 삼는다. 춤은 개인적 표현으로 끝나는 것이 아니라, 지나침을 억제하고 질서를 중시하는 미적 사유를 통해 예의와 절제를 구현하는 과정과도 연결된다.

이처럼, 한국춤은 오랜 숙련과정을 거쳐 춤추는 이의 몸과 마음에 춤의 기교와 미적 원리가 완전히 체득될 때 비로소 예술적 감성이 깃든 진정한 춤으로 드러난다. 이러한 전통춤의 본질은 춤꾼의 감성이 춤사위에 녹아드는 과정에서 춤사위가 드러내는 태(態)와 그 멋스러움이 관객에게 전달되는 데 있다.

흥미롭게도, 한국춤의 완성과정은 발효음식의 깊은 맛을 자아내는 '감칠맛'과도 닮아있다. 예를 들어, 발효된 한국 음식은 시간이 지나면 깊고 풍부한 감칠맛을 가지게 되듯 전통춤 또한 오랜 수련과 내적 성찰을 통해 깊은 예술적 울림을 완성하게 된다. 이처럼 발효음식이 자연의 시간을 담아내듯 전통춤도 춤추는 이의 삶과 정서, 수양이 한데 어우러져 깊고 진한 맛을 느끼게 하는 춤이 되는 것 같다.

발효음식은 오래된 음식을 먹는 것이 아니라, 버려질 수도 있는 재료를 지혜롭게 활용하여 '삭힌 음식'으로 변모시키는 선조들의 놀라운 창의력과 삶의 지혜가 담겨 있다. '삭다', '곰삭다'와 같은 표현이 주는 의미는 시간이 빚어낸 깊은 맛과 풍미를 나타내며, 이는 신선한 맛과는 다른 '감칠맛'의 본질을 보여준다.[5)]

이러한 발효의 과정은 춤꾼이 춤을 통해 자신을 단련하고 수련하며, 춤과 마음결의 시간이 지나면서 삭혀지는 과정은 마치 발효음식이 깊은 맛을 완성해가는 시간의 축적과도 같다. 춤을 통해 자신을 끊임없이 다듬고 완성해가는 세월은 결국 진하고 깊은 '한국춤의 맛'을 드러내는 과정으로 이해할 수 있다.

감칠맛은 단맛이나 신맛, 짠맛과 같은 기본적인 맛이 아니라 깊이와 여운을 남기는 맛이다. 혀끝에 감돌듯 퍼지는 감칠맛은 신선한 음식이 주는 직선적인 맛과 달리, 발효음식의 복합적이고 다층적인 풍미를 나타낸다.[6)] 이는 전통춤의 깊은 맛과도 관련이 있을 것이다.

우리의 주식인 밥을 짓는 과정에서도 좋은 밥맛을 내기 위해서는 세심한 정성과 시간이 필요하다. 쌀을 물에 넣어 불리고, 밥을 안치고, 불의 세기를 중·약 정도로 조절하는 과정은 경험과 감각의 조화에서 비롯된다. 전통춤 역시 호흡, 다양한 춤사위, 장단과 구조 등 여러 요소를 적절히 조화시키고, 그 완급을 섬세하게 조절해야 비로소 전통춤의 맛[味]을 자아낼 수 있다.

한국춤의 깊은 맛은 기교나 순간적인 감정에서 오는 것이 아니다. 마치 콩이 장으로 변하는 발효 과정처럼, 춤꾼이 오랜 시간 동안 정신을 삭히고, 마음결을 다듬어내는 과정을 거칠 때 비로소 완성된다. 이때 드러나는 춤의 질감은 곧 춤추는 이의 인격과 성향, 삶의 깊이가 스며든 예술로 표현이 된다.

따라서 발효음식이 시간이 흐르며 더욱 깊은 맛을 내듯 전통춤 또한 시간, 노력, 그리고 내면의 성숙이 결합되어 탄생하는 예술적 행위다.

그래서 한국춤은 한순간에 완성되지 않는다.

시간이 지나며 깊어지는 발효음식처럼 몸과 마음이 숙성되어 비로소 우러나는 춤,
그 춤사위 안에는 세월의 결이 있고, 사람의 진심이 묻어나는 것이다.

그래서 그 느림과 기다림 속에서
깊고도 따뜻한 '전통춤의 맛'을 비로소 이해하게 되는 것 같다.

/ 2016. 10. 28.

9

K-감성, 어디까지 왔니?: 전통과 지금 사이

요즘 문득 이런 생각이 든다. 전통이 점점 사라져가고 있는 지금 과연 한국적인 것이란 무엇일까? 이 질문은 내 안에서 자주 되풀이된다. '가장 한국적인 것이 세계적인 것이다!' 라는 문구는 한 때 광고에 나와 모두를 놀라게 했던 말이다.

당시에는 신선하고 인상적인 말로 느껴졌지만 시간이 지나면서 나는 이 말의 의미를 다시 생각하게 되었다. 정말로 한국적인 것이 세계적인 것이 될 수 있을까?

그리고 그 '한국적인 것'은 정확히 무엇일까?

한국 전통문화는 단지 옛것이 아니다. 그것은 과거에 머무는 것이 아니라 지금 이 순간에도 새롭게 숨 쉴 수 있는 문화의 동력이다. 하지만 우리는 종종 전통과 현대를 따로 떼어 생각하고, '지금'이라는 시간 속에서는 현대적인 것만을 가치있게 여긴다. 그 결과 전통은 '과거의 이미지'로만 소비되고 있는 건 아닌지 걱정이 되었다.

그래서인지 '한국적'이라는 개념은 점점 모호해지고 있는 듯 하다.

우리는 전통을 기억하지만, 그 전통을 오늘의 삶 속에서 어떻게 살아내야 할지에 대한 확신은 부족하다.

특히, 외래문화가 빠르게 스며들고 있는 현실 속에서 진짜 한국적인 것이 무엇인지조차 헷갈릴 때가 많다.

이로 인해 전통적 요소를 세계적 수준으로 발전시키는 데 필요한 기반이 약화되고 있다. 이에 따라 과연 '한국적인 것이 세계적인 것이 될 수는 있는 것인지?

대체 지금의 한국적인 것이란 무엇인지? 자문(自問)하게 된다.

이렇게 우리 고유의 진정한 가치를 추구하는 일임에도 불구하고 '한국적인 것'은 사라지고, 한국적인 것, 전통적인 것, 세계적인 것이 차후의 문제가 되어버린 지금 앞으로는 전통의 기반 없이 외래문화의 수용만으로 발전할 수는 없을 것 같다.

앞으로는 전통을 기반 삼아 새로운 문화를 창조하는 방식으로 나아가야 하지 않을까?

'전통과 현대'는 대립하는 개념이 아니라 함께 숨 쉬어야 할 요소들이다.

과거를 발판 삼아 현재를 살아내고, 그 위에 미래를 만들어가는 것, 그것이 바로 지속 가능한 문화의 길이다.

옛것을 익히고 새것을 안다는 온고지신(溫故知新)의 지혜처럼, 우리는 과거 속에서 배운 전통을 바탕으로 지금 우리만의 '한국적인 것'을 다시 써 내려가야 한다.

최근 BTS나 다양한 한류 콘텐츠를 통해 전통문화가 세계 무대에 노출되며 주목받고 있다. 탈춤, 부채춤, 풍물 등의 전통 요소들이 현대 음악과 어우러져 전 세계 사람들에게 감동을 주는 장면은 전통이 현대와 만났을 때 얼마나 새로운 가치를 창출할 수 있는지를 잘 보여준다.

그렇다면 지금 우리가 말하는 '한국적인 것'은 어떤 모습일까?

전통과 현대, 대중성과 예술성, 보편성과 특수성이 얽힌 이 복합적인 정체성 안에서 우리는 어떤 기준으로 '한국다움'을 이야기해야 할까?

예술 역시 같은 질문을 던진다.

"무엇을 표현하고 싶은가? 왜 표현해야 하는가?"

예술은 단지 형식의 문제가 아니라, 진정성과 정체성의 문제다.

철학자 조르조 아감벤은 현대 예술이 내용 없는 형식에 머물러 있다고 비판했다. 그의 말처럼 예술이 지나치게 외형적 요소에만 몰두할 때, 예술가와 작품 사이의 관계가 분리되고, 작품의 본질도 퇴색된다는 점을 짚어낸다.

이러한 문제는 한국적 문화 정체성을 논할 때도 유효하다. 전통과 현대, 한국적 가치와 외래문화의 경계를 지나치게 분리하려는 시도는 문화의 본질을 잃게 만든다. 전통과 현대를 구분하는 대신 두 요소를 융합하여 새로운 형태의 문화를 창조하는 것이야말로 진정한 한국적 정체성을 확립하는 길이다.

예술을 과거의 전통과 현재의 시간을 나누어 구성하는 것은 단지 형식적인 구분에 불과하다고 말하고 있다. 또한, 전통과 현대, 예술가와 예술작품 사이의 관계를 살펴보면서 예술가는 자신이 만든 작품을 단순히 분리된 대상으로 보지 않고 자신의 존재와 연결된 것으로 바라본다.

반면, 감상자의 입장에서는 예술가와 작품을 분리된 시선으로 보게 되는데, 이로 인해 예술의 주체인 예술가의 정체성이 작품의 내용(소재)으로부터 떨어져 나오는 문제점을 생각해보게 된다.

이러한 의미에서 '전통과 현대'를 분리해야만 하는지 아니면 전통적인 것과 한국적인 것은 어느 정도 구분을 짓고 분야에 따라 새롭게 융화하며 새로운 문화의 창조를 변용해야 하는지 근본적인 변화를 모색해야 한다고 생각한다.

이 문제는 일상 속에서도 쉽게 접할 수 있다. 예컨대, 경복궁이나 전주 한옥마을을 관람할 때 입는 한복을 보자.

우리 고유의 한복을 현대적으로 개량한 의상들이 활발히 활용되고 있으며, 외국인이나 젊은 세대들은 이를 전통의상으로 자연스럽게 인식하고 있다. 그렇다면 우리는 이러한 현상을 어떤 방식으로 받아들이고 해석해야 할 것인가?

이는 복식 디자인의 변화 차원을 넘어, 전통문화의 현대적 계승과 재창조라는 보다 폭넓은 문화적 질문으로 확장된다. 오늘날 다양한 문화 콘텐츠 속에서 전통의 요소는 현대적 감각과 결합하여 새롭게 소비되고 재구성되고 있다. 이는 긍정적인 문화적 진화로 볼 수도 있지만, 동시에 전통의 본질이 희석되거나 왜곡될 위험성도 내포하고 있다.

따라서 우리는 전통을 현대적으로 재해석하는 과정에서 '어디까지가 허용 가능한 변용인가', '어떤 요소는 지켜야 하는가'라는 문화적 기준과 비평적 시각을 함께 발전시켜야 한다. 이러한 고민과 성찰을 바탕으로 해야만 전통과 현대가 단순히 병치되는 것이 아니라, 상호 깊이 있는 대화와 융합을 이루는 '창조적 계승'으로 나아갈 수 있을 것이다.

특히, 춤과 공연예술 분야에서 더욱 첨예하게 드러난다. 한국춤을 현대적 무대에 올리는 과정에서 음악, 의상, 무대미술, 동작 구성에 이르기까지 다양한 수준의 변용이 이루어진다. 한편으로는 고유한 전통양식과 미감을 유지하며 현대 관객과 소통하려는 시도가 있고, 다른 한편으로는 전통의 형식을 파격적으로 해체하고 새로운 해석을 시도하는 작업도 등장한다.

예를 들어 국립무용단의 '미인'에서 선보였던 한국춤은 현대적 공연 맥락에서 종종 음악 편성의 변화, 무대미술의 현대화, 새로운 안무적 해석과 결합하여 선보인다. 이러한 시도는 한국춤의 생명력을 확장하는 긍정적 효과도 있지만, 한국춤의 내재된 정신성과 형식미를 충분히 이해하고 존중하지 않은 채 시각적 효과나 상업적 소비로 변질될 위험성 또한 존재한다.

결국, 한국춤의 현대화 작업은 단순한 형식적 변용에 그쳐서는 안 되며, 그 안에 담긴 철학과 미적 가치, 공동체적 의미까지 성찰하고 계승하는 깊은 예술적 접근이 병행되어야 한다. 이는 공연예술의 창작자와 관객 모두에게 요구되는 새로운 문화적 감수성과 책임의식이기도 하다.

그렇다면 구체적으로 어떤 접근이 바람직한가?

전통예술을 현대적으로 재해석하는 과정에서는 외형적 차용이나 표면적 신선함에 그치지 않고, 전통에 내재한 정신성과 미학적 원리를 충분히 이해하고 존중하는 태도가 필수적이다. 창작자는 전통의 본질과 시대적 맥락, 미적 구조를 깊이 탐구한 후, 그것을 오늘의 언어로 어떻게 새롭게 발화할 것인지에 대한 진지한 고민과 실험을 병행해야 한다.

비평적 관점에서도 전통과 현대의 융합이 가져오는 미적 가치와 문화적 의미를 다각도로 검토하며, '혁신'이라는 이름 아래 전통의 정체성과 의미가 단순히 소모되는 것을 경계해야 한다. 창작의 자유와 전통의 존엄은 상충하는 가치가 아니라, 서로를 풍요롭게 하는 긴장 속에서 창조적 에너지를 발산할 수 있기 때문이다.

결국, 전통을 현대화한다는 것은 과거를 현재로 끌어오는 것이 아니라, 현재적 시각과 감각으로 과거와 새로운 대화를 만들어가는 일이다. 이러한 대화는 창작자에게는 책임있는 예술적 태도와 비판적 성찰을 요구하며, 관객에게는 보다 깊이 있는 문화적 이해와 수용의 자세를 요청한다. 이러한 상호적 성찰 속에서야 비로소 전통과 현대는 단순한 병치가 아닌 '창조적 계승'이라는 역동적 과정을 통해 동시대 문화로서 살아 숨 쉬게 될 것이다.

나는 무용가로서 늘 '춤이란 무엇인가'를 스스로에게 묻는다.
단지 동작을 익히는 것이 춤일까?
아니면 그 동작 속에 담긴 감정과 사유가 진짜 춤을 만드는 것일까?

이제는 전통을 '보존'하는 것을 넘어 살아 숨 쉬게 만드는 일이 중요하다고 생각한다. 전통은 박물관 속에만 있는 것이 아니라, 오늘의 감각으로 다시 태어나야 할 문화다. 우리는 전통과 현대, 그리고 세계가 소통할 수 있는 지점을 찾아야 한다.

그리고 그 지점이 바로 '지금 여기서 우리가 살아가는 한국적인 것'이 되어야 한다.

아마도 전통과 함께 고민하고, 시대와 함께 움직이며 그렇게 걸어온 길 위에서 끊임없이 그 질문을 품으며 묵묵히 살아가다 보면 조금이나마 알아갈 수 있지 않을까?

/ **2020. 01. 17.**

10

유무상생有無相生의 춤: 안 보여도 쓸모 있음

사람들은 세상에서 쓸모 있는 존재가 되기 위해 부단히 애쓴다. 잠자는 시간을 줄이고, 먹는 시간조차 아껴가며 자신을 알리기 위해 수많은 스펙을 쌓는다. 필자 또한 그 치열한 경쟁 속에서 쓸모 있는 존재가 되기 위해 그렇게 살아왔다. 남들에게 인정받고, 필요하다는 말을 듣기 위해 앞만 보고 달려온 시간들…

그러나 문득 이런 생각이 스쳤다.
나는 왜? 무엇 때문에 이토록 쓸모 있는 존재로 살아가려고 하는 걸까?

가정에서 나는 과연 쓸모 있는 존재일까?
부모님께, 남편에게 그리고 아이들에게 나는 어떤 의미일까?

혹시 나는 쓸모없는 존재는 아닐까?
특히, 두 아이를 키우다 보면 춤을 추느랴 경제적으로 큰 보탬이 되지 못하는 내가 정말 의미 있는 사람일까? 가족을 위해 무언가 해야 한다는 책임감과 함께 때때로 스스로 부족하다는 자책감이 겹쳐 마음을 무겁게 만든다.

그렇다면 나는 왜 춤을 추는 걸까? 춤은 과연 쓸모 있는 일일까, 아니면 쓸모없는 일일까? 춤은 돈을 벌어다 주지도 않고, 눈에 띄는 성과를 남들에게 보여주는 일도 아니다. 그런데도 이상하게 내 마음 깊은 곳에서는 춤이 내 삶에 중요한 의미를 지닌다는 확신이 든다. 그 의미가 정확히 무엇인지 말로 설명할 수는 없지만, 춤을 추는 순간만큼은 내가 나 자신을 가장 온전히 느낄 수 있기 때문이다.

문득 생각에 잠기게 된다. 쓸모 있는 것만을 좇으며 살아가다 보니 정작 내 곁에 있는 소중한 것들을 잊고 지내고 있는 건 아닐까?

가족의 따뜻한 미소, 아이들의 작은 손길 그리고 내가 추는 춤의 찰나들…

이런 것들은 '쓸모 있음'이나 '없음'으로 재단할 수 없는 것들이다. 하지만 바로 이 모든 것이 내가 살아가는 이유이며, 내 삶에 진정한 의미를 더해주는 소중한 가치들이다.

다시금 나 자신을 되돌아보게 된다. 나는 어떤 존재로 살아가고 싶은가?

'쓸모 있는 사람'이 되기 위해 애쓰기보다는 '살아있는 사람'으로 존재하고 싶다.

내 주변의 작은 소중함을 느끼고, 춤을 통해 나를 표현하며, 세상에 잔잔한 감동과 따스함을 건넬 수 있다면 그 자체로 충분하지 않을까?

나는 이제 '쓸모'라는 기준이 아닌, '진정성'으로 내 삶을 채워가고 싶다.

『장자(莊子)』의 「인간세(人間世)」, 「산목(山木)」편에서 말하는 '무용지용(無用之用)'의 철학은 언뜻 쓸모없어 보이는 것들의 본질적인 가치를 되새기게 해준다.

겉으로 보이는 유용함 너머에 존재 그 자체로서의 의미가 숨어 있다는 것이다.

> 장자가 산 속을 가다가 가지와 잎이 무성한 큰 나무를 보았다. 나무꾼이 그 옆에 있으면서도 나무를 베지 않아 그 까닭을 물으니 쓸모가 없다는 것이었다. 장자가 말했다. "이 나무는 쓸모가 없기 때문에 타고난 수명을 다 누리는구나."
> 장자가 산에서 내려와 친구의 집에 머물게 되었다. 친구는 기뻐하며 하인에게 거위를 잡아 요리를 하라고 했다. 하인이 물었다. "그 중 한 놈은 잘 울고

> 한 놈은 울 줄을 모르는데 어느 놈을 잡을까요?" 주인이 말했다. "울지 못하는 놈으로 잡아라"
> 제자가 장자에게 물었다. "어제 산 속의 나무는 쓸모가 없어 천수를 다했는데, 오늘의 거위는 쓸모가 없어 죽었습니다. 선생님께서는 어떻게 처신하시겠는지요?" 장자가 웃으며 말했다. "나는 재목이 되고 재목이 되지 않는 것의 중간에 처신하겠다.
> 그러나 재목이 되고 재목이 되지 않는 것의 중간이란 것은 도와 비슷하기는 하나 참된 도는 아니므로 화를 면할 수 없을 것이다. 자연의 도(道)와 덕(德)을 타고 유유히 떠다니는 사람이라면, 그렇지 않을 것이다."[7)]

또 「인간세(人間世)」에서는 이렇게 말한다.

> "산의 나무는 스스로 자신을 해치며, 기름 등잔불은 스스로를 태우며, 계피는 먹을 수 있기 때문에 사람들이 베어 가며, 옻나무는 쓸모가 있기 때문에 사람들이 잘라간다. 사람들은 모두 쓸모 있음의 쓸모만을 알고, 쓸모없음의 쓸모는 아무도 알지 못한다."[8)]

장자는 쓸모만을 좇는 세상의 경향을 비판한다. 그는 이어 쓸모없어 보이는 것들이 오히려 본래의 생명을 온전히 누리며 세상에 조화를 이루는 사례를 통해 진정한 가치는 눈에 보이는 유용함을 넘어선 데 있음을 가르친다.

장자가 말하는 쓸모없음의 쓸모는 오늘날의 삶에서도 중요한 메시지를 준다. 우리가 무의미하게 여겼던 것들… 느리고 비효율적인 시간, 자연 속의 단순한 아름다움, 경제적 가치로 환산되지 않는 활동들이야말로 진정한 삶의 풍요로움을 가능하게 한다. 예술, 명상, 산책과 같은 행위는 경제적 쓸모와는 거리가 멀지만 내면을 풍요롭게 하고 삶에 깊이를 부여하는 소중한 시간들이다.

장자의 가르침은 현대의 가치 중심적인 사회에도 강한 울림을 준다. 우리는 흔히 어떤 대상의 가치를 생산성과 효율성으로 판단하지만 장자는 오히려 쓸모없어 보이는 것이야말로 참된 쓰임을 지니고 있다고 말한다. 겉으로 기능이 없어 보인다고 해서 그것이 무가치하다고 단정할 수는 없다.

예컨대, 산속의 크고 울퉁불퉁한 나무는 모양이 일정하지 않아 목재로 쓰이지 않지만, 그렇기 때문에 오히려 잘려나가지 않고 자연 속에서 그늘을 드리우며 생명체들에게 안식처가 된다. 그 나무는 제 수명을 다하며 삶을 온전히 누린다.

이는 곧 '쓸모없음의 쓸모', '무용지용(無用之用)'의 진정한 가치다.

이 철학은 또한 '과유불급(過猶不及)'의 지혜와도 통한다. 장자는 지나친 유능함과 효율성이 오히려 자신을 소모시키는 결과를 낳을 수 있음을 경고한다. 모든 것을 잘 해내려는 태도는 결국 자신을 태워버리는 등잔불과 같다는 것이다. 그는 넘치지도 모자라지도 않는 균형 있는 삶의 태도를 이상적인 처신으로 보았다.

세상에 완벽한 사람은 없다. 하지만 열 가지 중 하나라도 잘할 수 있다면, 그 사람은 존재 자체로 의미가 있다. 세상에 쓸모없는 것은 없다. 중요한 것은 우리가 어떤 시선으로 세상을 바라보는가에 있다. 하찮아 보이는 것일지라도 때로는 결정적인 순간에 큰 힘이 될 수 있다. 평범한 것들 속에서도 우리는 감사함과 겸손을 배울 수 있다.

옛말에 "개똥도 약에 쓰려면 없다"는 말이 있다. 평소에 하찮게 여겼던 것들이 막상 필요해지면 구하기 어렵고, 가치 없어 보이던 것들이 실상 중요한 역할을 할 때가 있다. 예컨대, 버려진 분뇨는 변기에서는 쓰레기이지만 농부에겐 생명을 키우는 비옥한 거름이 된다. 그렇다면 분뇨는 쓸모 있는가, 없는가? 결국, 그것은 보는 사람의 관점에 달려 있다.

또 다른 예를 들어보자. 빈 박스나 병, 폐자재는 대부분에게는 쓰레기일 뿐이지만, 그것을 수거해 고물상에 파는 사람들에게는 생계를 이어가는 자원이 된다. 세상에 정말 쓸모없는 것은 없다. 단지 우리가 설정한 기준과 맥락에 따라 판단이 달라질 뿐이다.

우리가 자칫 "있다, 없다"로 단정 지어버릴 때, 우리의 시야는 좁아지고 사고는 경직되는 것 같다. 생각은 고집으로 굳어지고, 우리는 스스로 만든 잣대에 갇히게 된다. 세상은 무한한 가능성으로 가득하지만, 우리는 쓸모 있음과 없음이라는 이분법으로 그것들을 나누고 제한하려 한다. 그러나 음(陰)과 양(陽)의 원리를 통해 자연의 질서를 이해해 보면, 이분법적 사고에서 벗어나 조화와 균형의 철학을 배울 수 있다.

"한번 음(陰)하고 한번 양(陽)하는 것을 일러 도(道)"라고 하듯 음과 양은 서로를 적대하고 배척해나가는 관계에 있는 것처럼 보이지만, 오히려 만물이 생성소멸하고 변화하듯 자연의 근본 질서(道)를 알아가며 세상의 이치를 배우고 깨닫게 되는 것이다.

장자는 쓸모 있음과 쓸모없음의 개념을 고정된 것이 아니라, 상대적이고 유동적인 것으로 보았다. "쓸모 있다고 생각하면 모든 것이 쓸모 있고, 쓸모 없다고 생각하면 모든 것이 쓸모없다." 노자 또한 "쓸모 있는 것과 쓸모없는 것은 함께 존재하며, 쓸모 있는 것이 드러나는 것은 쓸모없는 것 덕분이다"라고 하여 두 개념이 서로의 존재를 가능케 한다고 보았다.

우리가 '쓸모 있음의 쓸모없음'과 '쓸모없음의 쓸모있음'을 이해하게 될 때 변화하는 세상 속에서 유연하게 살아갈 수 있을 것이다. 장자가 말하듯 처신에 있어 '쓸모 있음'과 '쓸모없음'의 사이에 머무는 태도야말로 진정한 지혜일 것이다.

북송 시대의 문인 소식(蘇軾)은 이러한 철학을 예술로 승화시켰다. 그는 비정형적이고 기이한 나무를 그려내며, 추함 속에서 아름다움을 썩은 것 속에서 생명을 발견하려 했다. 이것은 쓸모 있음과 없음의 경계에서 조화를 추구하는 태도의 전형적인 예라 할 수 있다.

소식(蘇軾)은 장자의 사상을 계승하며 삶의 지혜를 설파했다. 그는 서투름을 지키는 것이야말로 삶을 더 잘 보존하는 길이며, 텅 비고 쓸모없어 보이는 곳에 머물러야 타고난 생명을 다할 수 있다고 했다. 이는 비움과 겸손을 강조하는 것이 아니라, 장자의 철학을 통해 인생의 본질을 꿰뚫는 통찰을 전하려는 것이다.

새가 날기 위해 뼈 속을 비우는 것처럼, 인간도 마음과 삶 속에서 욕심과 집착을 비울 때 비로소 자유로워질 수 있다.

이렇듯 삶에서 한 발짝 물러서 욕심을 내려놓는 순간, 마음은 한결 가벼워지고 삶은 편안해진다. 비움은 공허함이 아니라, 새로운 가능성을 위한 여백이다. 이 비움의 철학은 삶뿐 아니라 춤에도 그대로 적용된다.

나는 내 인생과 춤에 있어 쓸모있음과 쓸모없음 사이에 머물고자 한다. 무용지용(無用之用)의 철학처럼, 쓸모없어 보이는 것들이 오히려 가장 깊은 쓰임을 지닌다는 것을 이해하며, 유무상생(有無相生)의 원리를 따라 조화롭게 살아가고자 한다.

세상과 타인, 그리고 나 자신에게 집착하지 않으며, 변화 속에서 자연스럽게 흔들리되 꺾이지 않는 존재로 남고 싶다.

/ 2018. 10. 26.

2부 | 같이 추면 더 재밌어: 관계의 미학

1

—

서울교방 프로젝트:
춤으로 연결된 우리

© Sang Hoon Ok

© Sang Hoon Ok

서울의 한복판, 빌딩 사이 어딘가 현대의 분주함 속에서도 고요하고 깊은 울림을 간직한 공간이 있다. 그곳이 바로 '서울교방(敎坊)'이다. 2010년 김경란 선생님이 설립한 서울교방은 근대 여성 예술가의 산실이었던 권번의 춤을 현대적 감각으로 재조명하고, 그 예술적 정수를 대중에게 전하는 역할을 수행하는 단체이다.

이곳은 전통춤만 배우는 곳이 아니라, 삶을 바라보는 시선과 마음을 닦아가는 내면의 도량을 넓혀가는 곳으로 내게는 아지트 같은 곳이다.

서울교방에서 김경란 선생님이 이끄는 춤과 마음의 공부는 몸과 마음, 예술과 인생을 잇는 다리가 되어주고 있다.

나는 이곳에서 20년째, 일주일에 세 번, 춤을 배우고 있다. 요일마다 다른 작품, 시간과 장소도 각기 다르지만 그 모든 수업에 흐르는 단 하나의 본질은 같다.

몸이 분주할수록, 춤을 출 때 마음은 오히려 더 깊은 고요 속으로 스며든다는 것…

김경란 선생님은 춤을 '공부'라 하지 않고 '마음공부'라고 말한다. 그냥 동작을 따라 하는 게 아니라, 내면의 숨결까지 들여다보게 하는 춤…

그렇게 몸을 넘어 마음의 숨결까지 일깨우는 시간이 서울교방의 춤이다.

서울교방의 시그니처는 '같이 추는 재미'인 것 같다.

서울교방은 20세기 교방 명인 김수악, 장금도, 조갑녀 선생의 맥을 잇고 있지만, 단지 전통을 재현하는 데 그치지 않는다. 원형을 보존하되, 그 안에서 새로운 전통을 만들어간다. 말하자면 "전통에 로그인해서, 오늘의 감각으로 리셋하는 곳"이다.

이곳에선 '찰나의 춤', 즉흥에서 피어나는 춤의 순간이 중요하다. 틀에 박힌 동작보다, 지금 이 순간의 감정과 숨결을 그대로 움직임으로 녹여내는 것...

그래서 서울교방에서는 단 한 번도 똑같은 춤을 추지 않는다.

늘 새롭고, 그래서 늘 어렵고, 그만큼 춤에 진심이다.

서울교방의 가장 큰 차별성은 춤을 예술적 표현 이상의 수행 과정으로 본다는 점이다. 다른 전통무용 단체들이 특정한 춤의 형식과 기법을 유지하며 공연 중심으로 운영되는 경우가 많은 반면, 서울교방은 춤을 배우는 과정 자체를 수련과 성찰의 과정으로 여긴다. 기법 숙달에만 머무르는 것이 아니라, 춤을 통해 자신의 내면을 들여다보고, 몸과 마음의 균형을 맞추는 것을 핵심으로 두고 있다는 것이다.

서울교방에서 나는 오랜 시간 동안 다양한 춤을 배워왔다. 그 중에서도 대표작인 <교방굿거리춤>을 시작으로 여러 작품을 접하며, 전통춤이 담고 있는 깊은 의미와 미적 세계를 하나하나 익혀가는 과정들은 내 삶에 큰 울림을 주고 있다.

특히, 기억에 깊이 남는 춤이 있다. 바로 <장금도류 민살풀이>와 <조갑녀류 민살풀이>다. 이 두 춤은 그동안 내가 배워왔던 다른 류파의 춤들과는 분명히 다른 결을 지니고 있었다.

처음 마주했을 때 얼핏 비슷해 보이는 움직임들 속에서도 뚜렷이 다른 '무형의 감정'과 '보이지 않는 선'을 느낄 수 있었다. 마치 바람의 흐름이나 마음의 떨림처럼 눈에 보이지 않지만 분명히 존재하는 무언가를 표현해야 하는 춤이었다.

김경란선생님의 춤은 형식 속에 감춰진 무형의 미학을 통해 내 몸과 마음이 일체가 되는 과정을 경험하게 만든다. 민살풀이에서 강조되는 움직임은 자연스럽게 흐르고, 물처럼 고정되지 않은 상태를 추구한다.

이러한 특성 때문에 춤을 배우는 과정에서 마음의 상태와 몸의 감각이 어떻게 조화를 이루는지를 깊이 고민하게 된다. 그래서 다들 '춤이란 알면 알수록 배우면 배울수록 어렵다'는 이야기를 하는 것 같다.

이러한 그 춤들은 단순히 외형을 흉내 내는 것으로는 결코 완성될 수 없는 작품들이다. 정형화된 틀이나 고정된 패턴에 의존하기보다는 오히려 자연스럽고 자유로운 흐름 속에서 몸이 마음을 따라가야 하는 춤들이었다. 그것은 마치 말하지 않고도 마음을 전하는 법을 배우는 것과 같았다.

어떤 날은 선생님께서 열심히 설명을 해주시는데도 머리로는 이해가 되지만 동작을 익히는 데는 감이 오지 않았다. 하지만 그 순간조차, 그저 어렵다고 느껴지기보다는 나 자신을 더 깊이 들여다보게 만드는 시간이었다.

이러한 춤을 제대로 추기 위해서는 무엇보다도 먼저 마음의 준비가 필요한 것 같다. 즉, 춤을 위한 '마음공부'가 선행되어야 했던 것이다. 춤을 출 때의 감정, 숨의 결, 시선의 흐름 하나하나에까지 마음을 담지 않으면 춤이 겉돌 수밖에 없다.

마음이 단단하지 않으면 동작도 흐트러지고, 마음이 고요하지 않으면 춤도 조급해지는 것 같다. 그래서일까 선생님께서는 춤을 잘 추는 법을 가르치기 보다, 자신을 가만히 들여다보고 마음을 다듬는 마음공부를 가르쳐주셨다.

처음에는 다양한 전통춤을 배우는 것에 집중했지만, 점차 그 다양함이 인생의 다채로운 리듬과 닮아있다는 것을 깨닫게 되었다. 그저 몸의 움직임을 익히는 것 같았던 시간이 어느덧 삶의 태도와 감정을 정돈하는 마음공부로 이어지기 시작한 것이다.

서울교방의 수업은 늘 차 한 잔을 나누는 시간으로 시작된다. 둥그렇게 둘러앉아 따뜻한 찻잔을 손에 들고 앉으면, 김경란 선생님은 말문을 여신다. 그날에 나눠지는 이야기는 정치, 경제, 사회, 종교, 철학, 문화, 예술 등 실로 다양하다.

마치 비빔밥처럼 섞여 있는 듯하지만, 그 하나하나가 결국엔 '춤'이라는 중심으로 되돌아온다. 그러한 선생님의 말씀은 우리가 어떤 마음으로 춤을 출 것인가? 그리고 어떻게 살아갈 것인가에 대한 물음으로 이어지는 것 같다.

처음에는 그런 시간이 낯설고 비효율적으로 느껴졌다. '왜 춤을 배우러 와서 이런 이야기를 듣는 걸까?' 하는 의문도 들었다. 하지만 그 질문의 답은 시간이 지나면서 서서히 드러났다. 20년이 넘는 세월 동안 나는 서울교방의 이 특별한 흐름을 경험하며, 점차 춤의 깊이와 그 너머에 있는 마음의 세계를 알아가기 시작했다.

김경란 선생님의 수업은 춤을 기술로 가르치지 않는다. 그녀는 춤의 본질을 '마음'으로 끌어내리고, 마음으로 다시 삶을 비추라는 가르침을 알려주셨다. 춤은 마음을 담는 그릇이고, 삶은 그 마음이 흘러가는 길이기 때문이다.

나는 춤을 통해 나의 감정을 바라보는 법을 배웠고, 마음의 중심을 잃지 않는 법을 익혔다. 화려한 동작보다는 느림과 호흡, 멈춤과 침묵 속에 깃든 의미를 배우게 되는 것 같다. 그 과정 속에서 내면의 사유를 조금씩 확장하게 되고, 춤의 진정한 가치는 '움직임 속의 고요, 표현 속의 침묵'을 경험하게 되었다.

서울교방에서의 시간은 춤을 넘어 마음을 다듬는 길이며, 삶을 반추하고 가꾸는 수행이다. 나는 선생님의 가르침을 통해 조금 더 단단해진 나를 느낀다. 어제보다 오늘, 오늘보다 내일의 나를 조금 더 찐춤으로 아름답게 살아가고 싶은 마음이 생긴다. 그것이 서울교방이 나에게 주는 가장 깊은 선물인 것 같다.

김경란 선생님의 지도 아래, 춤을 통해 몸과 마음을 조율하고, 즉흥적 표현을 중요하게 여기며, 형식에 갇히지 않는 자유로운 움직임을 추구하는 서울교방의 춤은 그 자체로 하나의 철학이자 예술이다.

앞으로도 서울교방은 전통을 기반으로 창조적인 춤 문화를 지속적으로 발전시켜 나가며, 한국 전통춤의 새로운 지평을 여는 창조적 실천의 장이 될 것이다. 그리고 나는 그 여정 속에서 오늘도 몸과 마음의 리듬을 조율하며, '찐춤'을 통해 나를 완성해가는 중이다.

/ **2024. 05. 04.**

2

—

내 춤을 바꾼 한 사람, 스승에게서 배운 것들…

#스승님 레전드 썰.zip I

필자는 '김경란선생님'이 누군지, 그녀의 대표작인 <김수악류 교방굿거리춤>이 어떤 춤인줄도 모르고 30대 초반 춤벗들에게 이끌려 그렇게 선생님과의 인연을 맺게 되었다. 김경란 선생님을 처음 뵈었던 날, 내 안에 자리한 춤에 대한 선입견과 고정된 틀은 한순간에 깨져버렸다. 도제식 교육과 규격화된 틀 안에서 춤을 배워왔던 나에게, 김경란 선생님의 존재는 기존의 무용인과는 전혀 다른, 낯설지만 신선한 충격이었다.

화장기 없는 얼굴과 뿔테안경, 소탈하고 꾸밈없는 모습은 내가 알고 있던 무용가의 이미지와는 거리가 멀었다. 그러나 선생님과의 만남은 나의 춤 인생에 새로운 전환점을 만들어 주었다.

처음 선생님께 춤을 배우기 시작했을 때, 동작을 따라 하지 못한다고 화를 내는 선생님께 당황스러움을 느꼈다. '작품비를 냈으니 이 작품만 배우고 그만두자'는 생각도 여러 번 들었다.

하지만 시간이 지나면서 나는 춤을 통해 얻을 수 있는 것들이 동작 그 이상의 가치가 있다는 것을 깨닫기 시작했다. 마음 속에서 춤에 대한 감정이 서서히 변해갔고, 그 변화는 나를 춤에 더 몰두하게 만들었다.

함께 시작했던 춤벗들은 여러 사정으로 춤공부를 그만두게 되었고, 어느새 선생님 곁에는 나 혼자만 남게 되었다. 그만둔 친구들은 "용희, 너야말로 제일 먼저 그만둘 줄 알았는데, 결국 너만 남았네" 하는 것이다.

나는 왜? 다른 친구들처럼 춤공부를 그만둘 수 있었는데, 그만두지 않고 선생님 곁에 머물러 있는 걸까?

무엇이 그토록 선생님과의 인연으로 이어지게 했을까?
그것은 바로 '춤'이었다.

선생님은 단순히 춤만을 가르치지 않으셨다. 선생님은 진정한 춤이란 보이지 않는 내면의 예술정신을 담아내는 것임을 일깨워 주셨다. 몸짓 하나에도 마음과 인생이 담길 때, 그 춤이 진정 빛난다는 가르침은 내가 춤을 대하는 방식을 완전히 바꾸어 놓았다.

그렇게 선생님은 내 인생과 춤, 그리고 내면의 예술세계에 적잖은 영향을 주신 분이다. 선생님은 춤이 눈에 보이는 동작[實像]을 넘어서, 보이지 않는 내면의 감정과 허상(虛像)을 표현하는 예술임을 깨닫게 해주셨다. 그 덕분에 나는 진정한 예술은 내 안의 감정과 생각을 진심으로 담아낼 때, 비로소 진정한 힘을 발휘한다는 것을 알게 되었다.

그러한 선생님의 인생은 그야말로 한 편의 드라마였다. 발레와 현대무용을 하며 조각가의 꿈을 안고 서울대 조소과에 입학했지만, 인생의 굴곡과 사랑, 광주민주화운동의 격변, 무병(巫病)과 내림굿, 그리고 딸을 잃는 깊은 슬픔까지... 그녀의 삶은 고난과 치유, 상처와 예술이 교차하는 여정이었다. 그러나 선생님은 그 모든 경험을 춤으로 승화시켜 진정한 예술가로 살아오셨다.

선생님께서 추구하는 춤은 "인생춤"이었다. 나 역시 처음엔 그 의미를 이해하지 못해서 야단을 맞기도 했고, 때로는 원망을 하기도 했다. 하지만 시간이 지나며 그 안에 담긴 깊은 철학과 진심을 서서히 알아갔다.

이처럼 춤을 좋아했기에 마음만큼 몸이 따라주지 않아 꾸중을 듣던 순간조차 인생의 일부라 여겼다. 긴장과 불안 속에서 살아낸 시간들이 지금의 나를 만들었고, 비록 선생님과는 다른 삶의 궤적을 걷고 있지만, 춤길에서 만큼은 운명처럼 한 배를 탄 사람 같았다.

나 역시 부족하지만 짧은 인생의 경험 속에서 선생님의 가르침을 되새기며, 천천히 깨닫고, 조금씩 춤으로 표현하게 된 것 아닐까 싶다.

선생님은 전통춤의 대중화를 위해 끊임없이 실천하고 있는 분으로 제자들에게도 낮고 단단한 걸음으로 자신들의 존재감을 세상에 드러내어 더 넓은 세계로 나아가길 바라고 있다.

“몸과 마음은 하나일 뿐 지금까지 살아온 날들이 고스란히 묻어 있는 춤으로 세상과 마주할 생각이다”라고 하셨던 선생님은 요즘 시대에서 볼 수 없는 진정한 ‘예인’이시다.

선생님은 불어오는 바람을 그저 몸으로 받아들이듯, 춤 또한 시각적으로 치장하거나 과장하지 않고, 보이지 않는 마음의 흐름, 내면의 정신을 담은 춤을 가르치려 노력하고 계신다.

그래서인지 선생님의 춤은 강인함 속에 서린 깊은 울림으로 보는 이의 가슴을 뻐근하게 만들며 진한 감동을 자아낸다. 선생님의 이러한 춤 철학을 통해 나는 "진정한 춤이란 무엇인가", "손 하나만 들어도 그 자체로 춤이 된다"는 의미를 비로소 깨닫게 되었다.

그동안 나는 성공을 목표 삼아 행복한 삶을 위해 아등바등 애쓰며 살아왔다. 그러나 인간의 욕망은 하나를 얻으면 또 다른 욕망을 추구하게 되듯, 끝도 한계도 없기에 욕망 속에서 살아온 나의 삶은 늘 어딘가 허기지고 고통스러웠던 것 같다.

이러한 나의 삶을 묵묵히 지켜보신 선생님께서는 답답함과 안타까움을 느끼셨을지도 모른다. 인생도 춤도 물 흐르듯 자연스러운 시간 속에서 스스로 이루어지는 것인데, 나는 그 흐름을 거슬러 늘 작위적인 태도로 안 되는 것을 되게 하려는 집착 속에서 살아왔으니 말이다.

김경란 선생님께서 가르치신 전통춤은 몸과 마음이 하나 되는 깊은 수행이었다. 선생님은 춤을 통해 사사로운 욕심을 비우고, 자연스럽게 흐르며, 전체와 일체가 되는 상태를 강조하셨다. 그 가르침 속에서 나는 욕망과 집착으로 가득 찼던 내 자신을 마주하고, 비로소 돌아볼 수 있게 되었다.

전통춤은 욕망과 작위에서 벗어나 자유롭고 자연스럽게 흘러가는 '풍류' 그 자체였다. 그 춤은 나에게 진정한 자유와 겸손을 일깨워 주었고, 내가 추구해야 할 이상적인 삶의 방향을 제시해 주었다.

김경란 선생님의 춤 철학과 마음의 가르침은 내 인생의 나침반이 되어주셨다. 그 가르침은 지금도 나의 춤과 삶을 이끄는 근원적인 힘으로 남아 있다.

20년이 지난 지금도 나는 여전히 선생님 곁에서 춤을 배우며, 마음공부와 글공부에 정진하고 있다. 그 시간들 속에는 상처와 감사가 교차하고, 회피보다는 직면을 택하며 나를 단련시켜온 순간들이 있었다. 돌이켜보면, 나를 단단하게 만들어준 이는 나를 이해해준 사람이 아니라, 나를 낯설게 바라봐준 사람이었다.

때때로 날카롭게 다가왔던 평가나 거리감은 시간이 흐르며, 춤꾼으로서의 기반을 단단하게 다져준 원형의 기억이 되었다. 예술가는 끊임없이 스스로를 해체하고, 다시 조립하며 새로운 존재로 태어나는 사람이라 생각한다. 김경란 선생님과의 인연은 나에게 그러한 해체의 첫 자극이었고, 나는 그 자극을 예술과 철학으로 전환하고자 한다.

머리가 희어지고, 무릎의 연골이 닳아 없어질 때까지도 나는 춤이 무르익을 수 있도록 서울교방의 동인들과 함께 춤의 길을 계속 걸어가고 싶다. 춤을 통해 마음의 깊이를 더하고, 예술의 본질에 한 걸음 더 다가가며, 진정한 자아를 찾는 여정을 멈추지 않을 것이다.

나에게 춤은 끝없는 성찰의 과정이기 때문이다.

/ **2023. 11. 24.**

3

—

철학의 문을 두드린 나, 그리고 나를 이끈 철학 스승

#스승님 레전드 썰.zip II

2009년 9월, 나는 성균관대학교 동양철학과 박사과정에 입학했다. 솔직히 말해, 그때 나는 동양철학에 대해 거의 아는 것이 없었다. 무용이라는 세계에서 몸으로 익힌 감각만을 지닌 채, 이론과 실기를 함께 요구하는 무용의 특수성 속에서 부족했던 이론적 토대를 보완하고자 하는 막연한 결심으로 철학의 문을 두드렸다. 그 결심이 훗날 내 인생의 흐름을 완전히 바꿔놓게 될 줄은 그때는 미처 알지 못했다.

세부 전공은 '예술철학'이었다. 그래도 '예술'이라는 단어가 붙어 있으니, 무용과의 인연을 이어가며 공부할 수 있을 거라 순진하게 기대했다. 하지만 현실은 전혀 달랐다. 첫 학기부터 중국철학사, 정치경제, 동서양 사상사, 원전 원문 강독... 무용과와는 전혀 다른 학문적 우주에 내던져진 기분이었다.

수업 발표와 질의응답, 수많은 과제들...어느 하나 익숙한 게 없는 매일이 버거움과 두려운 도전의 연속이었다. 밤마다 "내가 왜 여기 와서 이 고생을 하고 있나" 하는 후회와 스트레스가 몰려들었다. 그 길에서 나를 이끌어주신 분이 바로 나의 스승, 신정근 교수님이셨다.

입학하자마자 나는 지도교수를 고민할 겨를도 없이, 단번에 신정근 교수님께 배우겠다고 마음을 정했다. '진짜 학문'을 배우고 싶었고, 철학적 깊이를 통해 내가 살아온 무용의 세계를 새롭게 바라보고 싶었다. 당시에는 그 선택이 너무도 순진하고, 어쩌면 무모했을지도 모른다.

왜냐하면 나는 기본적인 지식조차 부족한 대학원생이었고, 교수님의 높은 지적 수준에 비해 턱없이 부족한 상태였기 때문이다. 게다가 교수님은 학계에서 이미 까다롭고 철저하기로 유명하셨다.

신정근 교수님은 서울대학교 철학과를 졸업하고 동 대학원에서 석·박사 학위를 받으신 뒤, 동양예술미학과 현대동양철학의 지평을 열어가신 분이다. 성균관대학교 유학대학 학장과 유교문화연구소 소장을 맡으시며, 다양한 학술활동으로 동양철학의 대중화와 학문적 깊이를 함께 이끌고 계신다.

그런 분께 배우겠다고 달려든 내가 정작 공자와 맹자도 모르고 글쓰기엔 문외한이었다니, 돌이켜 보면 얼마나 무모하고 무지했는지 모른다. 특히, 교수님은 예의와 공부에 대한 태도, 집중력을 철저히 강조하시는 분이셨다. 수업에 대한 자세, 글쓰기의 기본, 개념과 논리의 정확성… 그 어느 것 하나도 허투루 넘기지 않으셨다.

교수님께서는 "왜?"라는 질문이 끊이지 않았다. 애매한 표현, 단정적인 문장, 논리적 비약은 모두 퇴짜였다. 특히, 남의 글을 읽고 내 문장에 맞는 단어 하나라도 그대로 가져오는 태도에 대해서는 단호하셨다. "그건 도둑질이야. 그 사람의 생각을 훔친 거지." 그렇게 말씀하시며, 글쓰기란 철저하게 자신의 언어로 "자신의 생각을 닮아야 한다". "나를 닮은 글을 써라"라며 자신의 사유를 표현하는 일임을 강조하셨다.

처음엔 한 문단을 쓰는 것도 버거웠다. 머릿속엔 생각이 가득했지만, 그것을 논리적 문장으로 풀어내는 일은 너무나 어려웠다. 쓰고 지우기를 반복하다 보면 어느새 밤을 새기 일쑤였다.

교수님 수업 시간에 발표라도 하게 되는 날이면, 발표문을 수십 번 고쳐야 겨우 제출할 수 있었다. 발표할 때는 내용을 이해하는 것 뿐 아니라, 자신의 생각과 주장을 분명히 세워야 했다. 수업 중 이어지는 질의응답 시간에는 예상치 못한 질문에 당황해 말을 잇지 못하는 순간들도 많았다.

수업을 편하게 들을 수 있었던 날은 거의 없었다. 발표자가 아니더라도 반드시 질문을 준비해 가야 했기 때문이다. 때론 발표문을 준비하는 것보다 질의문을 만드는 일이 더 고통스러웠다. 텍스트의 내용을 정확히 이해하는 것에서 나아가, 그 너머의 문제의식과 비판적 시각까지 끌어내야 했기 때문이다.

그러나 그 혹독한 과정 속에서 나는 '생각하는 사람'이 아닌, '생각을 글로 표현할 수 있는 사람'으로 거듭나야 한다는 중요한 깨달음을 얻게 되었다.

예술철학 전공자로서 철학과 무용 사이에서 중심을 잡기란 더더욱 어려웠다. 무용이라는 예술적 언어를 철학의 논리로 풀어내는 일이 쉽지만은 않았기 때문이다.

그럴 때마다 나는 "몸으로 세계를 이해한다면, 철학에서는 개념과 논리로 그 세계를 설명할 줄 알아야 한다"고 생각했다. 이는 내 공부의 좌표가 되었고, 내가 철학 안에서 춤을 새롭게 이해하는 이정표가 되어주었다.

교수님은 제자들에게 휴대폰 번호조차 공개하지 않으셨고, 우리는 '곧은 뿌리'라는 카페 또는 메일을 통해 논문 자료를 공유하고 피드백을 받았다. 나는 선배들의 논문 발표를 들으며 내 연구의 방향을 고민했고, 그 과정에서 수없이 많은 시간을 허덕이며 보냈다.

곧은뿌리 카페에서 공지사항이나 교수님의 날카로운 지적을 읽을 때면 가슴이 철렁 내려앉는 순간도 많았다. 때로는 살얼음판을 걷는 듯한 긴장 속에서 '과연 나는 이 논문을 끝까지 쓸 수 있을까', '포기해야 하는 건 아닐까' 하는 생각이 고개를 들곤 했다.

하지만 그 철저함 뒤에는 교수님만의 따뜻한 인간미가 숨어 있었다. 연구실 문을 두드리면 늘 바쁜 와중에도 이야기를 묵묵히 들어주시고, 때론 따뜻한 차 한 잔을 건네며 "힘들겠지만 끝까지 열심히 하세요" 하시던 그 말은 내게 커다란 위안이자 원동력이 되었다.

박사논문 예심과 본심에 이르기까지, 신정근 교수님은 언제나 나를 믿고 끝까지 도와주셨다. 그 은혜는 평생 잊을 수 없을 것이다. 물론 그 과정이 순탄치만은 않았다.

오히려 믿었던 외부 심사자의 부당한 태도에 마음이 무너질 뻔한 순간도 있었다. 배움의 본질은 외면한 채, 물질적 풍요와 인맥만을 좇는 예술계 현실에 회의감을 느껴, 체육교육 석사를 마친 뒤에는 예술과는 결이 다른 동양철학과 박사과정을 선택했다. 그것은 순수한 학문을 배우고자 했던 간절한 선택이었다.

그런데도 마지막 관문인 논문 심사에서조차 외부 심사자에게 또다시 부당한 대우를 받는 현실은 너무도 참기 힘들었다. 철학이라는 새로운 세계조차 학문의 외적인 시선과 권력이 작동한다는 사실은 나에게 또 하나의 깊은 상처였다.

그때 교수님은 조용히 그 모든 정황을 살피셨고, 때로는 앞장서서 나를 보호해주시고, 아무 말 없이 묵묵히 내 편이 되어주셨다. 말보다 행동으로 보여주셨던 그 따뜻한 지지는 지금도 내 가슴을 깊이 울린다. 진정한 스승이란 바로 그런 분이 아닐까?

그 모든 시간 속에서 나는 비로소 '글을 쓴다는 것'의 진정한 의미를 배워나갔다. 말보다 강한 글, 감정보다 깊은 사유, 춤처럼 유연하면서도 치열한 논리, 그것이 교수님께서 내게 남겨주신 가장 값진 유산이었다.

지금도 여전히 나는 교수님을 통해 많은 것을 배우고 있다. 어느 순간 문득 "이렇게라도 배울 수 있음에 얼마나 감사한가" 하는 마음이 든다. 돌이켜보면, 그때 교수님을 지도교수로 선택한 것은 내 인생에서 가장 탁월한 결정 중 하나였다.

어느새 박사과정을 입학하여 졸업한 지도 16년이라는 시간이 흘렀다.
그 긴 세월 동안 한결같은 마음으로 제자를 이끌어주신 신정근 교수님은 국내외적으로 널리 알려진 동양철학자이면서도 제자들과 똑같이 허리를 굽혀 인사하시는 진심으로 존경할 수밖에 없는 스승이시다.

때로는 엄격하지만, 늘 따뜻한 시선으로 제자들을 살펴주시고, 눈에 띄지 않는 순간까지도 세심하게 챙겨주시는 교수님의 모습 속에서 깊은 감사와 존경을 느낀다.

그 덕분에 몸과 마음을 함께 수양하며, 철학과 예술을 넘나드는 사고의 깊이와 넓이를 배우게 된 것은 무엇과도 바꿀 수 없는 소중한 경험이었다.

앞으로도 나는 나의 스승이신 신정근 교수님께 꾸준히 배우고, 그 배움을 바탕으로 내 춤과 글의 세계를 더욱 깊고 단단하게 펼쳐가고 싶다. 그것이 교수님의 가르침에 대한 나의 가장 진실한 보답이 될 것이라 믿는다.

/ **2025. 04. 16.**

4

춤이 공공재가 되려면: #이기심_탈퇴중

음악과 춤은 언어 이전에 존재하는 인간의 원초적 표현이다. 기쁨, 슬픔, 분노, 사랑의 모든 감정들은 말을 통하지 않아도 음악과 춤이라는 형식을 통해 전달되고, 서로를 연결시켜 준다. 특히, 우리 민족은 역사 속에서 늘 노래하고 춤추며 살아왔다. 농사를 지으며 부른 노동요, 굿판에서 울려 퍼지던 장단과 춤, 그리고 혼례와 제례의 정제된 예술로서의 음악과 춤은 공동체와 일상의 리듬 그 자체였다.

이러한 흐름은 오늘날 K-pop과 K-dance, K-culture로 진화하며 세계인의 주목을 받고 있다. 하지만 그 화려한 겉모습과 달리, 교육현장에서 전통음악과 무용은 점점 설 자리를 잃고 있다. 이 모순된 현실은 한국 전통예술의 정체성을 심각하게 위협하고 있다.

2022년 교육부가 발표한 개정 음악과 교육과정 시안에서 국악 관련 가이드라인이 대거 축소·삭제된 사실은 국악계에 큰 충격을 안겨 주었다. 국악인 겸 가수 송가인은 "국악은 어릴 적부터 들어야 우리 문화가 무엇인지 알 수 있다"고 말하며, 국악 용어 삭제에 대해 공개적으로 문제를 제기했다. 이러한 외침은 교육현장에서 국악이 제외된다는 것은 '문화 정체성'의 단절을 의미하는 중대한 사안이기 때문이다.

국악은 전통의 소리만을 가르치는 것이 아니다. 장단, 음계, 악기, 그리고 정서에 이르기까지 한국인의 감성과 철학을 담고 있는 종합예술이다. 국악을 체계적으로 교육하지 않는다면, '우리 음악'은 결국 교과서 속 예시가 아니라 박물관 속 유물로 전락하고 말 것이다.

그렇다면, 우리 무용교육계의 현실은 어떠한가?

무용교육계는 지금 깊은 침묵의 위기 속에 놓여 있다. 단순히 위태로운 것이 아니라, '존재의 의미' 자체가 위협받고 있다고 해도 과언이 아니다.

현재 무용은 음악이나 미술처럼 독립된 교과로 인정받지 못하고 있으며, 공교육 내 예술교과군에서조차 변방의 존재로 남아 있다. 무용이 교과서 밖으로 밀려나 있는 이 현실은 우리 교육체계 안에서 '몸'을 통한 예술적 표현이 얼마나 저평가되고 있는지를 여실히 보여주고 있다.

무용교육혁신위원회는 "모든 국민은 무용교육을 받을 권리가 있다"고 강조하며, 공교육 체계 내 무용교과 신설을 촉구하고 있다. 하지만 현실은 냉혹하다. 전국 대학 무용과의 폐과 위기, 감소하는 무용 인구, 참여 부족한 무용인들… 그간 축적된 문제들이 점점 가시화되고 있다.

따라서 이 문제는 개인이 아닌 나와 너, 타자와 우리, 사회적 기능으로서 함께 어울리며, 융합함으로써 전 무용인들이 나서야 가능한 일이기에 적극적인 행동력과 연대의식을 보여줘야 그나마 힘을 실을 수 있는데, 무용인들의 참여 저조로 인해 크게 확산되지 못하고 있다.

현재 전국 대학 무용과는 폐과의 위기에 놓여 있으며, 무용 인구의 급감은 이미 수치로 드러나고 있다. 교육과 예술계가 모두 위기의 징후를 알고 있음에도 문제의 본질을 해결하려는 행동은 부족하다. 왜 우리는 이러한 위기의 현실을 '인식'하면서도 '실천'으로 옮기지 못하고 있는 걸까?

그 이유는 복합적일 것이다. 먼저, 무용계 내부의 분열이 가장 큰 문제인 것 같다. 각자의 위치에서 자리만 지키는 데에 급급하고, 제도적 개혁을 위한 연대와 협력이 이루어지지 않으면서, 목소리는 흩어지고 힘은 약화되고 있다. 성공과 권위에만 매달리는 구조 속에서 '공공의 가치'는 점점 밀려나고 있는 것이다.

다 함께 큰 숲을 지켜낼 수 있는 공력을 키워야하는데 왜? 자신만의 성공과 권위만을 위하여 자리만 지키면 된다고 생각하는지……

각 제도권 교육기관과 전국무용협회, 무용단 등 관련 단체들은 무용의 발전과 성장을 이끄는 선순환 구조를 만들기 위해 중요한 역할을 해야한다. 이러한 흐름을 지속적으로 이어가기 위해서 초·중·고등학교 교과 과정에 무용이 채택될 수 있도록 제도적 기반을 마련하려는 노력 또한 절실한 시점이다.

실질적인 변화는 행동에서 비롯되며, 무용계 전체의 연대의식이 전제되어야 한다. 예술의 본질이 '개인의 표현'이라면 예술교육의 본질은 '공동체를 위한 나눔'에 있다. 지금 우리에게 필요한 것은 이기적 예술에서 공공적 예술로의 전환이다.

무용은 인간의 신체와 감정을 통합하는 예술이다. 말로 하기 어려운 감정을 움직임으로 표현하고, 타인과의 공감과 조화를 통해 인간다운 성장을 이끈다. 무용교육은 정서적 안정, 창의적 표현력, 공동체 감각을 기르는 전인교육이다.

하지만 이러한 가치를 지닌 무용이 공교육 체계에서 기본 선택권조차 보장받지 못하는 현실은 교육의 평등성과 균형이라는 공교육의 본질적 이념에 정면으로 위배되는 일이다. 누구나 음악과 미술을 선택할 수 있는 환경 속에서 무용은 왜 '선택의 권리'조차 주어지지 않는가?

어떠한 이유에서 예술교과 군 일반선택에 기초예술인 무용을 왜? 배제시키려고 하는지...예술교육의 정수인 무용, 춤이 어떠한 이유에서 배제가 되고 있는 것인지? 이로 인해 재능있는 수많은 학생들이 무용을 접할 기회를 잃고 있으며, 이는 곧 예술인재 육성의 단절로 이어지고 있다. 학교에서의 경험이 없다면, 누가 무용의 길로 걸어들어올 수 있겠는가?

무용인들은 현 학교 기초예술교육(음악, 미술, 연극)에서 '무용교육'의 추가를 강력히 요구해야 할 것이다.[9)]

이는 결코 새로운 요구가 아니다. 음악과 무용은 본래 긴밀하게 연결되어 있었으며, 인간의 가장 원초적 예술 경험에서 비롯된 하나의 통합된 예술 형태였다.

음악과 춤은 본래 하나였다. 고대 인류의 의식에서부터 현대 무대예술에 이르기까지 두 요소는 늘 함께였고, 서로를 완성시켰다. 음악이 곧 리듬이고, 춤이 곧 리듬의 시각적 구현이기 때문이다. 소리는 움직임을 만들고, 움직임은 소리에 생명을 부여한다.

최근 대중문화에서도 이 같은 흐름은 더욱 두드러지고 있다. 대표적으로 <스트릿 우먼 파이터>와 <스트릿 맨 파이터>와 같은 방송은 춤이 단순한 배경이 아닌 '주체'로서 설 수 있다는 가능성을 제시했고, K-pop 그룹들의 퍼포먼스 역시 음악과 안무의 경계를 허물며 새로운 예술 영역을 만들어가고 있다.

대한민국 미래 성장의 동력은 4차산업과 문화전쟁에 버금가는 문화예술강국이 시대적 키워드인 만큼 k-culture, k-pop 등 수 많은 예술가들이 대한민국의 이름을 드높이고 있는데, 그렇다면 그 저력은 어디에서 나오는 것일까?[9)]

그 중심에는 역시 전통이 있다. 예컨대, BTS에 이어 킹덤(KINGDOM)의 '승천' 뮤직비디오는 해금, 가야금, 피리 등 국악기와 전통춤을 현대적인 안무로 재해석함으로써, 전통과 대중이 공존하는 예술의 본보기를 보여준다. 이는 전통의 현대적 확장이라 할 수 있다.

이처럼 세계는 우리의 전통예술을 '현대적 가치'로 바라보며 주목하고 있다. 그런데 정작 우리는 왜 그 뿌리를 교육에서 지우려 하는가? 무용과 국악은 단지 과거의 문화가 아닌 오늘의 창작을 가능하게 하는 기반이며, 미래 예술인재를 길러내는 씨앗이다.

국악을 배제하고 무용을 외면하는 교육과정은 '문화적 문맹'을 키우는 것이며, 결국 우리 사회의 정신적 기반을 허무는 일이다.

또한, 예술교육은 공교육의 평등성과 균형성이라는 가치를 실현하는 통로이기도 하다. 정서적 회복력, 창의력, 공동체적 감수성, 이 모든 것이 예술교육을 통해 길러진다.

이제 예술교육은 선택이 아닌 필수다. 그리고 그 중심에는 '국악'과 '무용'

이 당당히 자리해야 한다. 한국의 전통예술은 현재와 미래를 잇는 다리다. 그 다리를 함께 지키고 걷기 위해서는 모두의 연대와 실천이 필요하다.

혼자서는 불가능하다. 무용인, 음악인, 교육자, 행정가, 그리고 일반 시민까지 함께 공감하고 행동할 때, 비로소 예술은 교육 안에서 숨 쉴 수 있다. 음악과 춤은 결국 사람의 이야기이다. 그 이야기를 멈추지 않기 위해 우리는 지금 행동해야 한다.

이와 같이 음악과 춤은 불가분의 관계를 지니고 있음으로 춤을 추기 위해 만든 음악, 음악으로 인해 춤을 추기 위해 만든 예술에 대해 깊이 사유해 볼 필요가 있다. 그렇다면 예술의 본질은 무엇일까?

아마도 인간의 순수한 마음에서 오는 예술가의 정신세계와 깊은 연관이 있을 것이다.

특히, 순수예술무용을 하고 있는 필자 또한 마찬가지로 순수하게 사는 삶이 얼마나 아름다운지 앎에도 불구하고 남의 눈에 얽매여 살아가고 있기에 예전 어릴 적 필자가 가졌던 맑은 정신과 마음이 그저 그리울 뿐이다.

길을 떠날 때 목적지가 애매하면 아무리 열심히 걸어도 지치기만 할 뿐 목적지에 도달할 수 없는 것처럼 도대체 우리의 전통문화예술은 어디로 가고 있는 걸까?

/ **2022. 05. 27.**

5

음악[樂]과 춤[舞]에 대한 단상

세계 무대를 사로잡은 예술의 혼

최근 K-pop의 세계적 열풍에 이어 K-클래식이라는 새로운 물결이 전 세계를 강타하고 있다. 그 중심에는 국내파 피아니스트 임윤찬이 있다. 이처럼 K-클래식이라 불리는 한국인의 돌풍!! 그의 음악은 천재성의 결과가 아니다. 그것은 사유와 몰입, 절제와 자유의 경계를 섬세하게 넘나드는 예술적 결실이다.

특히, 필자는 임윤찬의 연주에서 한국춤, 더 나아가 한국 예술의 미학과 정신을 보게 되었다. 피아노라는 서양 악기를 통해 구현한 그만의 감정선과 흐름은 마치 한국춤의 '즉흥성과 절제미', '정중동(靜中動)과 동중정(動中靜)'의 미학이 피아노 건반 위에서 다시 태어난 듯한 울림을 받았다.

그는 미국에서 4년마다 열리는 반 클라이번(Van Cliburn) 콩쿠르에서 역대 최연소 나이로 우승을 차지하며, 고난도의 라흐마니노프 협주곡 3번을 연주하여 "일생에 한 번 있는 연주이자, 신들린 듯한 강렬한 연주이다."라는 극찬을 받았다.

그의 연주는 예술적 몰입과 정신적 깊이를 통해 화성과 부드러움을 동시에 담아내며, 전 세계인의 마음을 사로잡았다.

임윤찬의 연주가 감동을 주는 이유는 그의 음악에 담긴 몰입의 경지 때문인 것 같다. 이러한 임윤찬의 연주는 그야말로 감동의 절정이다. 그의 음악은 기술적 완성도 이상의 무언가를 담고 있었다. 그것은 음악에 대한 깊은 몰입, 예술적 정신 그리고 오랜 시간 쌓아온 공력의 결실로 이루어진다.

사람들이 임윤찬을 극찬하는 이유는 무엇일까?

어린 나이에 세계 콩쿠르에서 우승하며 지휘자와 청중을 울린 그의 연주는 단순히 재능의 발현이 아니다. 콩쿠르 지휘자 마린 알솝을 울린 임윤찬은 어떻게 사람들에게 그러한 감동을 줄 수 있는 건지...

그것은 오랜 시간 음악에 몰두하며 쌓아온 그의 사유와 노력의 결과인 것 같다. 악보 너머를 읽어내는 그의 통찰력, 음악의 흐름을 자신만의 언어로 표현하는 그의 능력은 사람들의 마음을 사로잡는다.

그의 연주는 청중의 감정을 건드린다. 악마의 기교와 숨 멎을 듯한 연주 속에서도 완급을 조절하며 음악의 흐름을 지배하였다. 이러한 절제와 균형은 그가 연주자를 넘어 예술가로 불리는 이유다. 그의 연주는 사람들에게 "이 연주는 오직 지금 이 순간만 가능하다"는 감동과 경외감을 동시에 주었다.

임윤찬의 특별함은 그의 성장 과정에서도 드러난다. 오늘날 우리 사회는 혈연, 학연, 지연과 같은 연결망과 해외 유학이라는 이력을 중시한다. 그러나 그는 그러한 사회적 기준에서 벗어나 오직 자신의 길을 걸어왔다.

7세에 시작한 피아노 교습은 아파트 상가의 한 피아노 학원에서 이루어진 평범한 시작이었다. 하지만 그는 흔들림 없이 자신의 음악적 정체성을 만들어 나갔다.

그 과정에서 기본기가 부족하다는 지적을 받기도 했지만, 그는 이를 극복하며 10대에 대학생과 성인들을 제치고 세계적 무대에서 인정받는 예술가로 성장했던 것이다. 이러한 배경은 많은 이들에게 깊은 울림을 준다. 임윤찬은 외적인 스펙이나 환경이 아니라, 예술에 대한 순수한 헌신과 노력으로 이 자리에 올랐다.

임윤찬의 성공은 우리 사회에 만연한 선입견과 편견에 대한 반박과도 같다. 많은 사람들이 효율과 이익을 추구하며, 물리적 가치로 모든 것을 평가하려 한다. 그러나 그의 모습은 예술의 본질이 무엇인지 다시금 생각하게 한다.

그는 어떤 외적 조건도 필요 없이, 오직 자신의 실력과 예술성으로 세계를 감동시켰다. 그의 연주는 예술에 대한 순수한 추구가 무엇을 이룰 수 있는지를 보여준 것이다.

그의 여정은 우리에게 물질적 성공만을 추구하는 사회적 관행을 돌아보게 하였다. 효율을 우선시하고 수단과 방법을 가리지 않는 경쟁 속에서도 임윤찬은 자신의 음악에 대한 진정성과 몰입으로 진정한 성공을 이루었다. 그의 모습은 우리가 잊고 있었던 예술의 순수성과 가치에 대해 다시금 일깨워주었다.

어린 나이에 세계를 놀라게 한 피아니스트 임윤찬은 클래식 음악이라는 서양의 틀 안에서 한국적 정서와 동양적 미학을 드러내며 독창적인 연주를 선보였다.

그의 연주는 악보를 해석하고 연주하는 데 그치지 않고, 동양예술에서 강조하는 내적 정신과 외적 형식의 율동감을 담아내며 청중의 마음을 울린다. 특히, 그의 음악에서 나타나는 정중동(靜中動)과 동중정(動中靜)의 미학은 클래식 음악과 동양예술의 경계를 초월한 새로운 차원의 감동을 선사한다.

동양예술에서는 내적인 정신의 약동을 외적인 형식으로 율동감을 부여하는데, 움직임이 쉬지 않으며, 높이 뛰어오르고 세차게 달리며, 동(動) 가운데 정(靜)이 있고, 정(靜) 가운데 동(動)이 있어 동(動)과 정(靜)이 적절하게 어울리는 '동정(動靜)'의 교차가 다양한 변화를 통해 드러난다.[11)]

이렇게 '넘나드는' 기술, 드라마틱한 박자를 '템포 루바토'라고 한다.

루바토(rubato)는 '훔치다'의 뜻을 가진 이태리어로 연주자가 박자를 훔치듯 자신의 역량에 따라 곡을 빠르게[動] 또는 느리게[靜] 연주하는 음악 용어이다. 루바토는 박자의 흐름을 자신의 감정에 따라 밀고 당기는 표현 방식으로 그 안에서 예술가의 자유로운 영혼과 절제된 감각이 공존한다.

뛰어난 실력의 예술가들을 보면, 기본적인 호흡과 박자는 일정하게 유지하면서 사이사이 밀고 당기고, 느려지고 빨라짐의 완급조절을 자유자재로 표현하며 관객과의 소통과 공감을 하는 것을 느낄 수 있다.

임윤찬의 연주는 박자의 자유로운 넘나듦, 흔들림 없는 완급조절 그리고 그 속에서 형성되는 강렬한 몰입으로 특징 지어진다. 그는 서양 클래식의 틀 안에서 템포 루바토(rubato)를 활용해 고도의 완급조절을 이끌어 내고, 청중과 음악 사이에 보이지 않는 긴장을 만들어 낸다.

하지만 예술인들에게 넘나듦의 자유로운 경계는 주체자 자신과 감상자의 마음을 얻기까지 많은 시간과 노력이 필요하다. 이러한 예술적 경지는 오랜 세월 예술에 대한 몰입과 노력으로 공력을 쌓아야만 드러나는 것이기 때문에 예술의 매력(멋)은 주체자의 본질적 고유함과 자유로운 예술정신에 있다.

한국춤은 춤추는 이의 닳고 닳은 몸짓, 익은 몸짓을 춤으로 표출함으로써 나타나는 관객의 열정적인 호응은 외적인 요인으로서 춤추는 이에게 더욱 고조된 즉흥성을 부여하게 된다.[12)] 따라서 춤추는 이는 춤을 춤으로써 마음에서 우러난 진정한 자유를 느끼고, 관객은 그 춤과 소통함으로써 흥의 미감을 느끼게 된다.[13)]

임윤찬의 피아노 연주 역시 그렇다. 그는 오케스트라와의 긴밀한 조화 속에서 자신만의 호흡으로 음악을 이끌어간다. 우륵의 음악에서 강조된 '낙이불류(樂而不流), 애이불비(哀而不悲)'는 임윤찬의 연주에서도 동일하게 드러난다.

그의 연주는 드라마틱한 기승전결을 가지고 있지만, 그 속에서도 지나치지 않은 절제와 균형을 유지한다. 이러한 균형감은 클래식이라는 서양음악의 언어 안에서 한국적 미학을 구현한 특별한 사례로 볼 수 있다.

임윤찬이 우륵의 '낙이불류(樂而不流), 애이불비(哀而不悲)의 "즐거우나 넘쳐흐르지 않고, 슬퍼도 그 슬픔이 비통에 이르지 않는다."라는 예술의 경계를 넘어선 음악의 경지에 대해 언급했던 것에 놀라지 않을 수 없었다. 어떻게 서양음악을 하면서 동양철학의 예술론을 논할 수 있는건지...

임윤찬이 클래식 음악에서 발현한 한국적 에너지는 전통음악과의 정신적 교감에서 비롯된 것으로 보인다. 이는 음악과 춤이 궁극적으로 사람의 심성에서 비롯되는 예술이라는 것을 다시금 상기시켜준다.

우리가 느끼는 감정은 순간적일 수 있으나, 그 감정을 예술로 표현하기 위해서는 절제와 공감 그리고 수많은 시간의 몰입이 필요하다. 예술은 '무한히 자유로우면서도 방일하지 않는 것'이다.

대중가수도 노래할 때 클라이막스(절정)에서 템포를 느리게 또는 빠르게 조절하며 자신의 기량과 감정을 보여줄 때 청중이 감동한다. 이렇듯 한국춤도 긴장과 이완을 통해 맺다가도 어르고, 풀다가도 당기는 묘미를 갖추고 있어 즐거움 안에 '법도를 벗어나지 않는[不過其則]' 낙이불류(樂而不流)과 같은 절제의 미감을 느끼게 된다.

우리나라는 예부터 한(恨)이 많은 민족으로 모든 것을 관통하는 한(恨)과 슬픔에 대한 사상적 감정으로 애이불비(哀而不悲)를 들 수 있다.

애(哀)는 마음에 슬픔을 가지고 있다는 것이고, 비(悲)는 마음에 담은 슬픔을 밖으로 드러낸다는 뜻이다. 즉, 같은 슬픔이라 하더라도 슬픔을 표현하지 않고 가슴에 담아 두기 때문에 우리 민족이 한이 많은 것은 바로 이러한 이유일 것이다.

다시 말해, "음악은 그 즐거움이 도(道)를 잊을 정도로 지나쳐서는 아니되며, 그 애처로움이 도를 잃을 정도로 비통하여서도 아니된다"라는 절제미

를 강조한 것이다.

이처럼 임윤찬의 연주와 한국춤은 정신의 움직임을 표현하듯 감정의 고저(高低)를 통해 역동적으로 몰아가다가 멈추듯 잔잔하게 흐르는 기운으로 인간의 희노애락(喜怒哀樂)을 형상화하는 듯 하다.

한국춤의 즉흥적인 감성표현이 계획되지 않은 동작과 움직임들로 매 순간 춤사위에 개입되어 전체 춤의 흐름을 이끌어 가듯, 임윤찬의 라흐마니노프 피아노 협주곡 3번을 들어 보면 부드러움을 놓치지 않으며 모든 화성이 살아있는 듯 모든 음을 연주하고 있다.

어떻게 자신의 감정만 중요하게 여기지 않고 오케스트라와의 소통 및 감상자의 감정도 생각하면서 피아노의 호흡을 맞춰 가는지……

이해와 공감을 통해 이끌어내는 힘, 이는 시·공간을 뛰어넘어 몸과 마음의 미적 체험을 통하여 이르게 되는 경지로서 초월이자 초연인 것 같다.

임윤찬의 예술세계는 우리에게 말한다. 예술은 본성에 충실한 감정의 표현이며, 그것이 타인의 감정을 움직이는 감응의 힘이 되기 위해서는 절제, 사유 그리고 몰입이 필요하다고…

이는 한국춤이 지향하는 미학과 다르지 않다. 춤과 음악은 결국 인간의 내면에서 비롯된 하나의 흐름이며, 그 진정성만이 사람의 마음을 움직일 수 있다.

"본질을 넘어서지 않되, 형식을 넘나들며 자유를 느낄 것"
예술은 틀 안에 갇힌 것이 아니라, 도(道)를 잃지 않는 자유로움 속에서 빛난다. 그리고 그 중심에 지금의 한국춤과 임윤찬의 예술이 나란히 서 있다.

그렇다면 '본질'이라는 것의 고유성을 지나치게 넘어서지 않도록 바른 마음을 기르고 창조적으로 노력한다면 더 나은 예술을 할 수 있지 않을까?
템포 루바토를 구현하며 한국춤의 춤길을 공명할 수 있기를……

/ **2022. 08. 26.**

6

—

어느 장단에 맞춰 춤춰야 할까요?
#혼돈의_리듬

"야, 너는 도대체 어느 장단에 맞춰 춤을 추는 거야?"

누군가의 행동이 엇박자로 느껴질 때 툭 튀어나오는 이 말, 한 번쯤은 들어봤을 것이다.

어른들에게 혼날 때, 친구들끼리 투덜댈 때, 혹은 회의석상에서 누군가 흐름을 어지럽힐 때 이런 말을 하곤 한다.

그런데 가만히 생각해보면, 이 말은 타박이나 비꼼이 아니다. 오히려 삶의 리듬, 인간관계의 호흡 그리고 나 자신의 자율성에 대한 철학적 질문일지도 모른다. 왜냐하면, 우리는 누구나 매일매일 어떤 장단에 맞춰 살고 있기 때문이다.

눈을 뜨는 순간부터 발걸음을 옮기며, 사람들과 이야기하고, 결정하고 선택하는 모든 순간마다 나만의 리듬, 혹은 누군가의 장단에 반응하며 살아간다. 결국, 삶은 하나의 긴 춤, 그리고 그 춤에는 반드시 장단이 필요하다.

'장단'이라는 단어는 얼핏 보면 단순한 박자처럼 느껴지지만, 한국 전통음악에서의 장단은 숫자나 시간의 단위가 아니다. 그것은 감정의 결, 숨의 리듬, 자연의 호흡, 사람의 마음이 어우러진 살아있는 구조다. 장단은 말하자면, 삶의 방향을 알려주는 나침반이자, 속도와 여유를 조절하는 가이드라인 같은 존재다.

예를 들어보자!!

신나고 발랄한 축제 현장에서는 자진모리가 어울린다. 경쾌하고 산뜻해서 어깨춤이 절로 나온다. 반대로, 애잔하고 사색적인 분위기에서는 굿거리 장단이 흐른다. 느리고 묵직한 여백의 미가 마음속 깊은 울림을 자아낸다.

그리고 어떤 날은 휘모리장단처럼 빠르게 몰아치는 일과 속에서 숨 쉴 틈도 없이 움직여야 할 때가 있다.

“이 춤, 어느 장단에 맞춰야 할까요?”

춤추는 이라면 누구나 먼저 이 질문을 던진다. 어떤 리듬에 몸을 싣고, 어떤 흐름 속에서 움직일지를 아는 것은 춤의 시작이자 본질이기 때문이다. 박자를 모르고는 자유로움도 즉흥성도 아름다움도 만들어낼 수 없다. 그리고 우리는 모두 인생이라는 무대 위의 ‘춤추는 사람’들이다.

삶이 춤이라면, 그 춤의 완성도는 장단을 얼마나 잘 타느냐에 달려 있다.

우리는 때로 빠른 장단에 몸을 맡겨야 한다. 회사에서 급하게 마감일을 맞추거나, 누군가의 부탁에 신속하게 대응해야 할 때처럼 말이다.

그럴 땐 마치 휘모리장단 위에 선 듯, 숨가쁘게 움직이게 된다.

반면, 중요한 결정을 앞두고 고민하거나, 잠시 삶을 돌아볼 필요가 있을 때는 굿거리 장단처럼 천천히, 음과 음 사이의 여백을 음미하며 걸어가야 한다.

하지만 문제는 이 세상이 우리에게 늘 빠른 장단만을 강요한다는 것이다.

“빨리 해!”

"지금이 기회야!"
"뒤처지면 끝이야!"

세상의 장단소리는 자진모리를 넘어서 거의 난타 수준이다. 그런데 나의 마음은 때로 그 속도에 맞지 않을 때가 있다.

남들이 정신없이 뛰어갈 때, 나는 잠시 숨 고르고 가고 싶은데, 그 순간 들리는 말은 늘 이렇다.

"왜 이렇게 느려?"
"눈치 좀 챙겨."

결국, 그 시선이 두려워 억지로 속도를 높이다 보면 몸도 마음도 흐름을 잃고, 춤은 삐걱거리다 멈추게 된다.

그렇다면 나는 지금, 어떤 장단에 맞춰 살고 있을까?

이 질문은 꽤 중요한 삶의 나침반이 된다.
그저 내 삶의 속도를 묻는 것이 아니라, 나는 내 리듬을 듣고 있는가?
혹은 누군가의 박자에 억지로 나를 끼워 맞추고 있지는 않은가?
하는 성찰이 담겨 있다.

지금 이 순간에도 누군가는 자기 리듬을 잃고 있다. SNS 속 성공한 사람들의 하루 루틴을 따라 하느라 아침 5시에 억지로 눈을 뜨고, 남들의 커리어 속도를 따라잡겠다고 주말도 없이 달리는 삶을 선택한다.

하지만 그런 삶이 진짜 '내 장단'일까? 장단은 누구나 다르다.
아침형 인간이 있는가 하면, 밤에 비로소 살아나는 사람도 있다.
누군가는 빠르게 계획을 세우고 결과를 내는 걸 좋아하지만, 또 어떤 사람은 충분히 사유한 후에야 움직이기도 한다.
중요한 건, 나의 삶이 나다운 흐름으로 흐르고 있는가? 하는 것이다.
한국춤은 장단을 쫓아가는 춤이 아니다.

장단을 듣고, 느끼고, 함께 호흡하면서 그 안에서 몸을 자연스럽게 맡기고 흐르는 춤이다. 춤추는 이는 절대 장단을 앞서지 않는다.
악기 소리 하나에 숨을 고르고, 장단의 여백에는 자신의 감정을 실어 넣는다. 때로는 멈추고, 때로는 한 발 늦게 따라가며, 몸으로 시간을 해석한다.

전통춤에서는 "장단을 먹는다"는 표현이 있다. 말 그대로 박자에 몸을 맡기며 춤과 리듬이 하나 되는 순간인데, 이게 바로 춤의 생명력을 불어넣는 핵심 포인트라 생각한다.

어떤 때는 꽉 막힌 마음을 풀어주는 이완의 순간이 되고, 또 어떤 때는 흐트러진 걸 다시 다잡는 집중의 순간이 되기도 한다. 춤이 우리의 마음처럼 긴장과 이완을 오가며 살아 숨 쉬는 것이다.

이렇게 팽팽하게 조였다가 스르르 풀어내는 춤사위의 순간들은 마치 감정을 달래고, 당기고, 흘려보내는 전통춤만의 특별한 맛이자 매력이 아닌가 싶다. 겉으로 보기엔 단순한 동작처럼 보여도 그 속엔 '변화 속에 불변이 있고, 불변 속에 변화가 있다'는 동양철학이 흐르고 있다. 곧 그 의미는 춤은 늘 움직이지만 중심은 절대 잃지 않는다는 것!

이 중심을 지키며 춤을 추는 과정은 내면의 에너지를 한데 모았다가 세상 밖으로 퍼뜨리는 여정이기도 하다. 조용한 손끝의 떨림이 점점 강렬한 몸짓으로 번져 나갈 때, 그 안에는 감정도 이야기들도 함께 실려 나가는 듯 하다.

그래서 한국춤의 진짜 매력은 몸의 아름다움이 아니라, 마음과 정신이 녹아든 깊은 울림에 있다. 움직임 하나하나가 감정과 연결되고, 춤사위 속에는 말로 다 못할 이야기가 숨어 있는 것이다.

찐 춤을 출 때 가장 좋은 건, 남 눈치 안 보고, 억지로 똑같이 맞추지 않아도 된다는 점이다. 내 호흡과 감정에 따라 자연스럽게 몸을 맡기면, 거기서부터 진짜 '나의 춤'이 시작된다. 내가 진짜 편안한 리듬을 알고, 그 리듬을 따르는 것, 그것이야말로 나다운 삶의 출발점이다.

사람마다 인생의 장단은 다르다.
중요한 건, 남의 박자에 끌려가지 않고 내가 가장 '나답게' 움직일 수 있는 리듬을 아는 것...
그 리듬을 듣고, 용기 있게 몸을 맡길 수 있을 때...
우리는 혼돈 속에서도 나만의 춤을 추며 살아갈 수 있을 것이다.

그렇다면, 여기서 잠깐!!!
여러분들의 장단은 어떤가요?

장단잽이들 즉, 전통음악에서 장단을 맡아 연주하는 고수(鼓手)들이 말하는 장단과 리듬은 단순히 박자를 세는 게 아니다. 그들에게 장단은 호흡이고, 느낌이고, 소통의 언어일 것이다.

진짜 장단잽이들의 장단은 무엇이라 생각하는지 한번 들어볼까요?

김○수
장단이란 사이와 사이 놓인 돌다리와 같이 연결을 도우는 수단

박○훈
내고 달고 맺고 풀고 정말 재미있는 소설 한편...!

이○준
내게 맞춰주는 것 보다 내가 맞춰 가야하는 동반자

윤○영
박이라는 점들을 통해 선으로 연결하고,
그 선으로 화폭에 그림을 연주자 그리고 춤꾼과 함께 그것을 그려가는 것

정○호
우리 민족 고유의 흥과 멋을 위한 뼈대

이○형
장단은 일정한 박자지만, 기계적인 게 아니라 연주자들의 감정과 호흡에 따라 자연스럽게 살아 움직이는 춤 같은 것

최○영
리듬은 머리로 계산하는 게 아니라, 온몸으로 익히고 체화된 것.
장단잽이들은 “몸이 먼저 알아챈다”

김○윤
연주자 간, 연주자와 무용수 간, 심지어 관객과의 교감을 만들어내는 리듬!

윤○주
"정확함을 넘어선 자유",
"기교를 넘은 감정",
그리고 "함께 호흡하는 생명".

이처럼 장단은 '소리'가 아니라 '관계'인 것 같다. 정해진 박자 안에서 서로를 듣고 맞추며 함께 움직이는 시간들 말이다.

거기엔 계산보다 감각이, 정확함보다 여백이, 기술보다 마음이 먼저일 것이다.

우리 삶도 이와 다르지 않을까?
때론 맞춰주고, 때론 기다려주며, 함께 호흡하며 걸어가는 것…

그렇게 우리는 각자의 리듬을 살아가며, 누군가의 '장단'이 되어주기도 하고 그 누군가의 장단에 나를 맡기기도 한다.

여러분은 지금, 누구와 어떤 장단을 함께 걷고 계신가요?

/ 2025. 02. 25

7

감성 ON, 심성은 기본

오늘날 세상 사람들의 마음은 어떠한가? 우리는 현재 물질적 풍요 속에 살고 있지만, 마음만큼은 그 어느 때보다도 가난하고 지쳐 있는 듯 하다.

마치 불교에서 “마음을 제어하는 일은 손으로 공기를 잡는 것보다 어렵다”고 하듯이 마음은 눈에 보이지 않고 손으로 잡을 수 없는 것이기에 자신과 타인의 뜻을 억지로 바꿀 수 없을 만큼 불안하고 복잡한 것이다.

우리 사회의 끊임없는 경쟁과 비교, 성공에 대한 강박은 사람들을 점점 더 차갑고 각박하게 만들고 있으며, 무용계 역시 그 예외는 아닌 것 같다.

누가 더 주목받는가, 누가 더 인정받는가를 두고 벌어지는 치열한 경쟁은 예술의 본질을 흐리게 만들고 있다. 아름답고 자연스러운 움직임과 호흡으로 타인과 조화를 이루어야 할 춤마저도 때로는 질투와 시기의 장이 되고 있는 현실은 무용이라는 예술에 대해 다시금 질문을 던지게 한다.

춤은 원래 혼자 추는 예술이 아니다. 함께 숨 쉬고, 함께 움직이며, 함께 빛나는 것이 진짜 춤이다. 어느 공연에서 한 무용수가 갑작스러운 부상으로 동작을 바꿨을 때, 다른 무용수들이 눈빛 하나로 즉각 조율하며 무대를 완성해내는 장면은 춤이란 것이 얼마나 섬세한 관계의 예술인지 또 얼마나 깊은 신뢰와 배려를 요구하는지를 잘 보여주는 상징적 사례라 할 수 있다.

이처럼 춤은 혼자서는 성립할 수 없는 예술이며, 무용수들이 함께 호흡하며 만들어내는 공존과 조화의 결과물이기도 하다. 마치 한 사람의 움직임이 물결처럼 퍼져나가 숲을 이루고, 다시 한 사람의 몸으로 환원되는 순환구조는 인간관계의 본질을 상징적으로 보여준다.

원형으로 움직이는 춤의 구조는 삶과 우주의 순환을 상징하며, 생성과 소멸, 개별성과 집체성, 나와 너의 경계를 허물고 하나로 엮어낸다. 무극에서 음과 양이 나뉘고, 다시 그것이 어우러져 조화를 이루듯 춤은 다름 속에 조화를 발견하고, 조화 속에서 다시 다름을 인정하는 예술이다.

이러한 협력과 감응의 과정은 우리 사회와 인간관계에도 깊은 시사점을 던지고 있다. 즉, 춤을 통해 우리는 타인을 배제하거나 소외시키는 것이 아닌, '다름을 인정하고 조화를 이루는 삶'을 배울 수 있는 것…

하지만 현실은 녹록지 않다.
같은 예술의 장에서조차 '다름'은 배척의 대상이 되고, 기회의 편중, 파벌의식, 외모지상주의 같은 요소들은 무용계 내부에서도 소외와 차별을 만들어내고 있다. 이러한 구조 속에서 예술가들은 점점 "내가 아닌, 타인을 짓밟아야만 살아남는 경쟁자"로 전락하고 있다.

무용이 추구해야 할 '조화와 순환'의 철학은 사라지고, 인맥과 아첨, 기교과 기술만이 예술을 평가하는 기준이 되어버렸다. 이러한 현실은 단지 무용계만의 문제가 아니라 현대사회를 살아가는 우리 모두의 자화상이기도 하다.

춤은 몸의 언어지만, 마음의 표현이기도 하다.
내면이 깨어 있어야만 타인과 호흡할 수 있고, 탐욕과 가식을 비워낼 때 비로소 춤의 진정성이 드러난다.

노자의 말처럼 "갓난아이와 같은 몸과 마음을 가지고 물 흐르듯이 부드럽게 살아가는 것은"[14] 오늘날 우리에게 가장 필요한 태도가 아닌가 싶다.

무용계 역시, 화려한 외면만을 추구하기보다 감성을 켜고, 심성을 다지는 예술적 윤리의식을 회복해야 할 때이다.

춤 역시 인간 내면의 결을 어루만지고, 삶의 깊이를 함께 나누는 예술로서 춤은 본래 따뜻한 심성과 유연한 태도 위에 뿌리내려야 한다.

이에 공자는 "사람의 타고난 본성은 서로 비슷하지만 습성에 따라 멀어지게 된다"고 했다. 결국 우리가 어떤 환경과 관계 속에서 살아가느냐에 따라 우리의 성정도 바뀌고, 삶의 방향도 달라진다는 것이다.

춤을 추는 사람으로서, 예술을 하는 사람으로서 늘 이 질문을 품는다.

나는 지금 나답게 춤을 추고 있는가?
나는 타인과 조화를 이루는 관계 속에 있는가?
우리는 춤을 통해 무엇을 추구해야 하는가?
감성과 심성을 바탕으로 한 예술은 어떻게 세상과 소통할 수 있을까?
오늘도 필자는 춤과 삶, 그리고 인간의 본성에 대해 사유해 본다.

/ 2023. 05. 26.

8

관계에도 거리두기 미학이 필요해요

우리는 원하든 원하지 않든 누구나 관계 속에서 살아간다. 마치 자연이 서로 어울려 조화를 이루듯 사람도 '나와 너, 우리'라는 이름 아래 함께 어울리며 살아가고 있다. 그래서 인간관계는 우리가 살아가기 위해 꼭 필요한 생존 방식이자 삶의 기본 조건이라고 할 수 있다.

하지만 요즘 사회를 보면, 인간관계가 점점 얕아지고 갈등이 많아지는 모습이 보인다. 서로를 믿고 도우며 살아가는 따뜻한 세상을 꿈꾸지만, 현실은 그 이상과 많이 다르다. 그렇다면 우리는 어떻게 해야 믿음을 바탕으로 한 진심 어린 관계를 만들 수 있을까?

이건 마치 뷔페에서 음식을 고르는 것과도 비슷하다. 아무리 입맛이 달라도 다 같이 한 테이블에 앉아야 하니까 누군가는 매운 음식을 좋아하고, 누군가는 단 걸 찾으며, 어떤 이는 아예 먹지도 않고 냄새만 맡고 불평할 수도 있다.

때로는 자기 의견을 쉽게 말하지 못하면서도 뒤에서는 불평을 늘어놓는 사람이 있고, 반대로 자신의 불만을 아무 거리낌 없이 툭툭 내뱉는 사람도 있다. 또 어떤 사람은 말로는 다정하게 굴지만 행동은 전혀 딴판인 경우도 있다.

반면에 짧은 인사만으로도 마음이 따뜻해지는 사람이 있다. 무심한 듯 보이지만 묵묵히 책임을 다하고, 타인의 상황을 먼저 배려해주는 사람도 있다.
한 번은 길거리 공연 중, 무대 설치를 돕던 스태프 한 분이 아무 말 없이 무거운 장비를 나르다 손등을 살짝 베었는데 "조심하세요"라며 오히려 다른 사람의 걱정부터 해줬던 일이 있었다. 그 순간 특별한 말 한마디 없이도 그 사람의 마음이 전해질 수 있다는 걸 실감했다.

이처럼 인간관계는 매번 새로운 사람을 만나는 '복불복' 게임 같기도 하고, 때로는 춤을 출 때 파트너의 리듬을 맞추는 것처럼 조율이 필요한 일이기도 하다.

완벽한 사람도 없고, 완벽한 관계도 없지만 그 다양함 속에서 서로를 이해하려는 태도만큼은 언제나 진실해야 하지 않을까?

인간의 관계는 이렇듯 끝없는 스펙트럼 위에 존재하며, 때로는 가장 가까운 사람과의 관계가 가장 힘겹고 복잡하게 느껴지기도 한다.

이 과정에서 "왜 인간관계는 이렇게 어려운가?"라는 질문이 자연스럽게 떠오른다. 어떤 사람의 성격이 좋고 나쁘다고 단언할 수는 없지만 사람들은 자신의 이해득실에 따라 마음의 작동방식이 계속 변화되는 것은 분명한 사실이다.

나는 사람들이 '나와 너, 우리'의 본질적인 존재가치가 소중하다는 것을 알면서도 그것을 망각하고 인간의 끝없는 욕망을 쟁취하기 위해 등을 돌리고, 거짓말을 하며 진실되지 못한 피상적인 관계로 전락시키는지 모르겠다. 가까워질수록 더 조심해야 하는데 말이다.

마치, 무용수 둘이 서로의 동선을 정확히 이해하지 못한 채 무대에서 너무 바짝 붙어 있다 보면 서로의 손끝이나 발끝이 엉키고 흐름이 깨지는 것처럼 말이다.

거리가 너무 좁으면 호흡이 맞지 않고, 또 너무 멀어도 감정이 전달되지 않는다. 관계도 그렇다. 적당한 거리에서 서로를 바라보는 시선이 있을 때, 그 관계는 오래가고 건강할 수 있다.

무용에서 '간격'이 중요한 것처럼 인간관계에서도 '거리두기'는 서로를 위한 배려이며, 공간이다. 그 공간 안에서 우리는 스스로 숨을 쉬고, 나답게 존재하며, 진심을 전할 수 있게 된다.

현대사회는 관계에 있어서 '붙어 있기'를 미덕처럼 여기기도 한다. 카톡 답장이 늦으면 서운해하고, 연락이 뜸하면 '소원해졌나' 하고 생각하는 식이다. 하지만 진짜 관계는 오히려 가끔의 거리, 간헐적인 침묵 속에서도 무너지지 않는다. 오히려 더 단단해진다. 가까이 있으면서도 서로를 조용히 지켜보는 그런 관계야말로 진짜로 '함께' 있는 것이다.

관계에도 호흡이 필요한 것 같다. 마치 전통춤의 장단처럼 느림과 빠름, 밀고 당김의 균형 속에서 깊이가 생기듯 말이다. 누구나 관계 속에서 상처받고 상처 주며 살아간다. 그래서 때로는 물러서고, 침묵하고, 조용히 바라보는 일이야말로 가장 따뜻한 배려가 될 수 있다.

가장 이상적인 거리는 서로가 서로를 존중하면서도 마음이 닿을 수 있는 그 미묘한 간격이다. 그 간격 속에서 우리는 스스로 숨을 쉬고, 상대를 향한 진심을 담을 수 있다.

인간의 관계에서 신뢰가 얼마나 소중한지를 느끼면서도 동시에 왜 사람들은 그토록 쉽게 거짓과 오해, 이기심으로 관계를 망가뜨리는지를 자주 생각하게 된다.

'갑과 을'의 프레임 속에서 갑은 자신의 권력을 진실처럼 강요하고, 을은 침묵 속에서 그 체계를 받아들이는 현실은 오늘날에도 여전하다.

우리는 왜 진심보다 전략, 공감보다 계산을 앞세우는 것일까?
왜 가장 가까운 이웃이 때로는 가장 먼 적처럼 느껴지는 걸까?

그래서 사람들은 이기적이고 어리석기 쉬우며, 결국 어떤 환경에서 자라왔는지가 그 사람의 마음가짐과 관계 방식에 큰 영향을 미치게 된다. 마치 한국이 역사 속에서 외세의 간섭을 반복적으로 받아왔듯 나 역시 가까운 사람들로부터 뜻밖의 상처를 받을 때가 많다.

겉으로는 함께 웃고 이야기하지만, 뒤에서는 경쟁과 시기로 상처를 주는 사람들이 있다. 마치 가까운 듯 가장 멀리 있는 사람들 말이다. 특히, 내가 몸담고 있는 춤의 세계도 예외는 아니다. 누구보다 예술을 이야기하며, 혼을 담은 움직임을 전하려는 이 공간 속에서도 '권모술수'와 '중상모략'은 여전히 존재한다.

잘되는 모습을 응원하기보다, 주춤하는 모습을 기다리는 듯한 시선들…
진심보다 계산이 앞서는 태도들이 가끔은 춤보다 더 무겁게 마음을 짓누른다.

그래서 세상에서 가장 무섭고 힘겨운 것이 인간관계가 아닐까 싶다. 누구 하나 내 마음 같은 사람 없고, 나또한 누군가에게 그 사람의 마음 같은 사람이 아닐테니 결국 모두에게 완벽(진실)한 관계란 없는 것 같다.

그렇다면 인간관계는 왜 그토록 힘들고 무서운 것일까? 인간은 무엇에 의해 움직이는 걸까? 궁극적인 삶의 질이 무엇이기에 그토록 처절하게 살아가고자 하는 걸까?

관계란 본질적으로 복잡하고, 완벽할 수 없다. 나 또한 누군가에게는 실망의 대상일 수 있고, 이해받지 못하는 존재일 수 있다. 그럼에도 불구하고 관계를 이어가려는 노력은 결국 서로를 조금씩 알아가려는 끊임없는 질문과 응답의 연속이다.

행복[樂]과 고통[苦]은 거의 같은 비율로 얻어지는 것이 삶의 본질이자, 이치인 것 같다. 인간의 욕망은 하나를 취하면 또 다른 욕망을 추구하듯 끝이 없고 자기만족의 한계가 없기 때문에 인간의 '고[苦]'는 끝도 없고 한계도 없다. 그렇기에 욕망을 가진 인간은 평생동안 '고[苦]'를 느끼며 살아가야 하는데 '고[苦]'는 우리가 바라고자 하는 욕망(성공, 행복)이자 집착이다.

이러한 인간의 욕망은 번뇌를 잉태하고, 번뇌는 다시 마음을 어지럽히며 속박하기 때문에 행복은 고통의 끝도 아니고, 고통 또한 행복의 끝이 아니기에 이치로서 삶을 바라보아야만 진정으로 가치있는 삶을 살아가는 것이다.

그러므로 인간은 살아가면서 생존방식을 위해 어느 정도의 욕망은 필요하지만 지나친 욕심을 추구하면 늘 고통 속에 괴로워하며 살아가야 하기에 화(禍)를 초래하게 됨을 명심해야 한다.

이러한 현상은 인간 본성에 대한 근본적인 질문으로 이어진다. 인간의 본성에 대해 맹자의 성선설(性善說)과 순자의 성악설(性惡說)은 인간의 본성을 바라보는 두 가지 대립적 관점을 제공한다.

성선설을 주장한 맹자는 공자의 인(仁) 사상을 중시하며, 인간은 자연에 기초하고 인을 가지고 태어났기 때문에 인간의 본질이 자비롭고 선하다는 믿음을 바탕으로 한다.

반면에 성악설을 주장한 순자는 예(禮)를 중시하며, 인간의 본성은 태생적으로 악한 본성을 가지고 있으며, 이를 화성기위(化性起僞)라고 했다. 화성기위는 악한 본성을 변화시켜 인위[禮]를 일으킨다는 의미인데 다시 말해, 인간의 본성은 악해서 개인의 이익을 우선으로 생각하고 미워하며 질투하기 때문에 싸움을 그치지 않는다는 뜻이다.

이 상반된 주장 속에서 우리가 주목해야 할 것은 인간은 선과 악이 공존하는 복합적인 존재이며, 그 양면성 속에서 스스로를 조율할 수 있는 가능성을 지닌다는 것이다.

인류는 현재까지 신이 준 유전인자, 즉 선(善)과 악(惡)에 의해 살아가고 있다. 나 역시도 '선악'과 반씩 투쟁하며 살아가고 있지만 아쉽게도 현재 살아가고 있는 많은 사람들 중에는 이기적인 악(惡)의 마음과 투쟁하며 살아가는 사람들이 더 많이 존재하고 있는 것 같다.

오늘날 인간관계를 어렵게 만드는 핵심 요인은 탐욕, 이기심, 그리고 신뢰의 결여이다. 인간은 끝없는 욕망을 추구하며, 자신의 이익을 위해 타인을 이용하거나 배제한다. 이는 곧 개인적 고통과 사회적 갈등으로 이어진다.

하지만 인간은 단순히 이기적이고 악한 존재로만 머물지 않는다. 기본적인 생존 욕구와 함께 타인을 돕고 조화로운 관계를 맺고자 하는 선한 본성도 동시에 가지고 있다. 중요한 것은 어떤 본성이 더 많이 발현되는지 그리고 이를 조정하고 개선할 수 있는 방법을 찾는 것이다.

언제부터 인간관계에서 순수함과 진실성은 존재하지 않았는지?
누구를 믿는다는 것은 유용한 일인지? 앞으로 누구를 어떻게 믿을 것인지?

이러한 사유(思惟)가 계속되면 될수록 인간의 본성이 선(善)하긴 한건지?

인간에게 '본성'이라는 개념을 말할 만큼의 어떠한 본질적인 경향은 있긴 있었는지? 되묻게 된다.

서로의 이득이 설계되는 과정 속에만 신뢰와 믿음이 형성되어야 하고, 이해득실에 따라 사람의 마음이 작동되며, 최소한 살아남기 위한 안전장치를 위해 이기적인 전략을 세우며 살아가야 하는건지 깊이 생각해 볼 필요가 있다.

계절에 맞게 옷을 갈아입고, 때와 장소에 따라 옷차림이 달라지듯 인간의 관계는 수시로 변화되기 때문에 평화롭고, 조화로운 관계가 형성되기를 바라는 것은 나의 순수한 마음이자 욕심일까?

이러한 인간관계가 쉽사리 바뀌지 않을 것이라는 것은 너무나 당연한 사실이다.

"진정한 인간관계는 완벽하지 않더라도, 서로의 부족함을 인정하며 이해하는 과정에서 피어난다."

관계란 결국, 상대와 나 사이에 놓인 작은 다리 하나를 소중히 지키는 일이거든 그 일이 왜 이렇게 어려운 것일까?

마음을 비우고, 관용을 담아 더불어 살아갈 수 있는 인간관계의 길을 걷고 싶다.

/ **2019. 09. 13.**

9

—

'허정지심虛靜之心'이 뭐임?
→ 마음을 비우는 기술

다섯 차례에 걸쳐 방문한 몽골은 매번 새롭고 특별한 감동을 안겨준 곳이었다. 봄,여름, 가을, 겨울, 계절이 다르듯 그 경이로움은 변함이 없었다. 마치 몽골은 자연 속에서 자신을 되돌아볼 수 있는 조용한 무대 같았다.

그곳의 드넓은 초원과 탁 트인 하늘은 내 마음의 벽을 허물었고, 자연과 하나 되는 순간의 깊은 평화를 일깨워 주었다.

몽골의 풍경은 그 자체로 압도적이었다. 끝없이 펼쳐진 초원은 하늘과 맞닿아 있었고, 그 위를 흐르는 파란 하늘과 뭉게구름, 부드러운 바람은 모든 것을 원래의 상태로 되돌리는 듯했다. 밤하늘은 수많은 별들로 가득 차 있었으며, 초원 위를 유유히 거니는 양떼와 소떼는 그 풍경에 생동감을 더해 주었다.

특히, 초원 한가운데 덩그러니 서 있는 소나무 한 그루는 내 발길을 멈추게 했다. 고요한 존재감으로 초원의 일부가 되어 있는 소나무는 외로움보다는 완벽한 균형과 조화를 보여주었다. 또한 언덕 위 자작나무 숲은 초록과 흰색으로 어우러져 있으며, 그 사이로 펼쳐진 넓은 여백은 마치 한 폭의 동양화를 보는 듯한 감흥을 주었다.

그곳에서 나는 처음으로 삶의 단순함이 주는 깊은 울림을 경험했다. 몽골의 초원은 아무것도 꾸미지 않았다. 그저 존재했고, 그 존재 자체로 나를 감싸 안았다.

그런데 나는 왜 이렇게 애를 쓰며 살아왔을까?
무엇을 향해 그렇게 달려가고 있었던 걸까?

그동안 한 가정의 딸, 두 아이의 부모, 한 사람의 아내로서 감당해온 많은 역할 속에서 나는 내 안의 고통과 무게를 애써 버티며 살아왔다. 몽골의 초원은 조용히 내게 말을 건넸다.

“비워라. 놓아라. 가끔은 멈춰도 괜찮다.”

그 고요함은 처음엔 솔직히 낯설고 어색했다. 도착 첫날, 한참을 아무 말 없이 초원 한가운데 앉아 있었는데, 마음이 편해지기는커녕 오히려 초조함이 밀려왔다. 휴대폰은 터지지 않고, 말소리 하나 들리지 않는 적막함에 마치 세상과 단절된 기분이었다.

늘 하루 일정을 촘촘히 채우고, 해야 할 일과 마감에 쫓기던 나로서는 아무것도 하지 않아도 되는 그 상황이 오히려 불편하게 느껴졌다. 가만히 앉아만 있는데도 이상하게 머릿속은 이런저런 생각으로 계속 웅성거렸다.

하지만 시간이 조금 지나자 귀에 닿는 바람 소리와 멀리서 들려오는 동물들의 울음소리, 풀잎의 흔들림 같은 자연의 미세한 리듬이 서서히 내 안을 채우기 시작했다.
처음엔 일부러 명상처럼 하려고 했던 호흡도 어느 순간 자연스럽게 깊어졌고, 생각들이 하나씩 줄어들기 시작했다.

한참을 그렇게 앉아 있었을 때, 문득 ‘아, 그냥 이렇게 있어도 되는 거구나’ 하는 생각이 들었다. 그 순간 이상하게 눈물이 났다. 말로 설명할 수는 없지만, 지금껏 붙잡고 있던 무언가를 놓아도 괜찮다고 마음이 허락해준 느낌이었다.

그것이 내가 처음 '비워지는 마음'을 체험한 순간이었다. 억지로 통제하지 않아도, 억지로 아무 생각 하지 않으려고 애쓰지 않아도, 그저 조용히 자연을 바라보고 숨을 쉬고 있는 그 자리에서 내 마음은 스스로 가벼워지고 있었다.

그것이 바로 내가 체험한 '비워지는 마음', 허정지심(虛靜之心)이었다. 억지로 통제하지 않아도, 노력하지 않아도, 조용히 자연과 함께 숨 쉬고 있는 그 자리에 머물러 있음으로써 마음이 스스로 정화되고 가벼워졌다.

몽골의 여정은 단순한 여행이 아니었다. 그것은 '마음을 비우는 기술', 즉 내면의 강박과 소음을 내려놓고 본래의 나와 조우하는 과정이었다. 그 과정을 통해 나는 처음으로 "나는 누구인가, 어디로 가고 있는가"라는 정체성의 질문과 깊이 마주할 수 있었다.

삶은 늘 무언가를 채우고, 쌓고, 이뤄야 한다는 압박으로 가득했다. 하지만 몽골은 그 반대편의 진실을 말해주었다. "진정한 평화는 비움에서 온다. 비워야 새로운 것이 들어올 수 있고, 내려놓아야 내가 보이기 시작한다."고 말이다.

이러한 통찰은 노자의 『도덕경』 제16장에서 말하는 '허정(虛靜)'의 개념과 깊이 맞닿아 있다. 노자는 "만물이 생장하고 순환하며 결국 뿌리로 돌아간다"고 말한다. 그리고 이를 '정(靜)'이라 부른다. 이 고요함은 단순히 소리

없는 정적이 아니라, 생명이 본래의 자리로 되돌아가는 자연스러운 흐름이자, 삶의 근원으로 회귀하는 순간을 의미한다.

노자는 "허(虛)의 상태에 도달하기를 지극히 하고, 정(靜)의 상태를 지키기를 독실하게 하라"고 말한다. 허는 마음을 비우는 것, 정은 그 비움을 조용히 간직하고 유지하는 태도다. 세상 모든 것은 다채롭게 피어났다가 결국 다시 그 뿌리로 돌아가듯, 인간 역시 끝내는 고요함으로 향해야 한다는 것이다. 이러한 순환을 그는 '복명(復命)'이라 불렀다.[16] 본래의 자리, 생명의 길로 돌아가는 것, 그것이 곧 '도(道)'의 길이다.

이처럼 허정지심(虛靜之心)은 몸과 마음을 통해 배워가는 삶의 태도다.
세속적 욕망과 쫓김에서 벗어나, 고요히 세상을 바라보며 자연과 조화를 이루는 삶.
억지로 애쓰지 않으면서도 모든 것을 이루게 되는 그런 경지...
나는 그 감각을 춤을 통해 느낄 수 있었다.

춤은 움직임의 예술이지만 그 시작과 끝은 언제나 고요함에 있다. 한 걸음의 출발, 팔의 떨림, 숨의 정지, 이 모든 흐름은 '정(靜)' 속에서 피어나는 생명성이다.
감정을 억지로 끌어올리는 것이 아니라, 가라앉은 마음에서 우러나는 움직임 그것이 진정한 춤이다.

무대 위에서 깊이 몰입하는 순간, 나는 나 자신을 잊는다. 그 순간 내 안의 '허(虛)'가 깨어나고, 공간·음악·관객과 경계 없는 하나의 존재가 된다.

비움 속에서 더 많이 표현되고, 고요함 속에서 더 깊이 연결된다.

춤과 삶은 결국 닮아있다. 진정한 감동은 고요에서 시작되며, 가장 깊은 울림은 정적의 여운 속에서 탄생한다. 허정은 나에게 있어 삶의 미학이자 춤의 철학이다.

마음을 비우고 고요히 머무는 그 태도는 예술의 자유를 가능케 하는 본질적인 기반이다.

몽골의 여정은 나를 그 본질로 이끌었다. 나는 대자연의 침묵 속에서 '허정지심'을 만났고, 그 감각은 이제 내 삶과 춤의 결 속에 조용히 녹아 있다.

이제 나는 그 고요함 속에서 더 많이 보고, 더 깊이 느끼며, 더 진실하게 움직일 수 있게 되었다. 그리고 그 움직임이 누군가의 마음에 작은 울림이 되기를 소망한다.

그것이 바로 정(靜)의 생명력이며, 예술과 삶이 만나는 자리일 것이다.

/ **2018. 02. 09.**

10

무구舞具, 그냥 소품이 아님 주의!!!

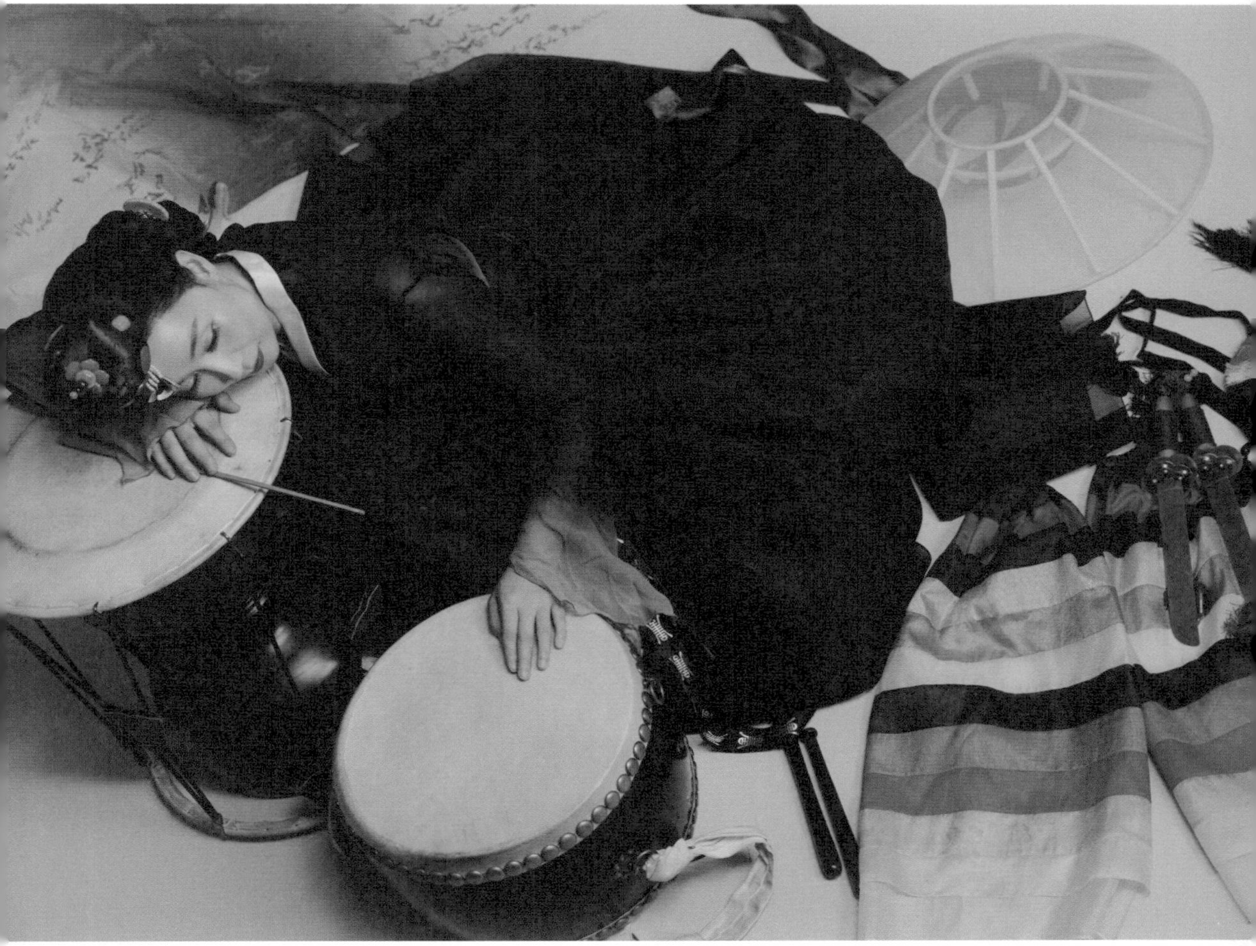

한국춤에는 시대의 이야기, 인간의 감정, 민족의 정서가 담겨 있다. 이 모든 것을 보다 생생하게 표현하기 위해 사용되는 것이 바로 '무구(舞具)'이다.

무구란 춤을 출 때 손에 들거나 몸에 착용하는 도구로 춤의 주제와 감정을 극대화하는 역할을 한다. 한국춤은 대부분 이러한 무구와 긴밀히 연결되어 있으며, 이는 우리춤의 예술적 깊이를 더해주는 요소이기도 하다.

한국춤의 무구는 칼, 수건, 부채, 장고, 북, 소고, 꽹과리, 한삼, 탈 등 그 종류가 다양하다. 특히, 장고춤, 북춤, 소고춤, 진쇠춤 등은 무구가 직접 소리를 내는 악기의 역할을 하며, 춤과 음악의 경계를 허무는 흥미로운 예술적 융합을 보여준다.

예를 들어, 승전무는 나라를 지키기 위한 군사들의 용맹함과 기개를 표현하는데, 이때 사용되는 칼은 전장의 기운과 결기를 전하는 중요한 상징을 나타낸다.

검무 역시 마찬가지로 몸짓과 칼의 찰나의 움직임이 어우러져 절제된 힘과 긴장감을 만들어 낸다.

탈춤에서는 다양한 캐릭터들이 탈을 쓰고 등장하며, 탈 자체가 그 인물의 성격과 사회적 역할을 표현한다. 무구는 이처럼 춤에서 대상이 맡는 역할을 설명하는 일종의 언어인 셈이다.

이와 관련하여 우리는 흔히 '춤은 음악의 시각화'라는 주장을 접하곤 한다. 이 표현은 마치 춤이 음악에 종속되어 그저 음악을 따라가는 수동적인 예술로 오해될 수 있다. 그러나 악기춤을 살펴보면, 반드시 그렇지만은 않다는 사실을 확인할 수 있다.

우선, 악기춤은 음악 반주가 있음에도 불구하고 무용수가 직접 악기를 연주하여 소리를 만든다는 점에서 단순히 반주에 맞춰 움직이는 것이 아닌 능동적인 음악의 창출자로서의 면모가 드러난다. 이는 무용수가 음악을 '따르는' 존재가 아니라 오히려 '이끄는' 존재일 수 있다는 가능성을 보여주는 것이다.

더 나아가, 악기를 직접 연주하며 추는 춤은 춤의 기승전결을 더욱 뚜렷하게 만들어준다. 악기 연주가 처음부터 끝까지 지속되는 춤에서는 대부분 절정 부분에서 연주의 강도와 속도가 폭발적으로 증가하며, 감정의 최고조를 시각과 청각 모두로 전달해준다. 연주가 지속되지 않는 경우에도 춤의 절정에서는 반드시 악기 연주가 포함되어 클라이맥스를 극적으로 연출하게 된다.

즉, 무구로서의 악기는 소도구를 활용한 음악과 춤의 중심에 있는 '예술의 주체'로 기능하며, 무용수는 무구를 통해 자신의 감정과 리듬, 이야기와 에너지를 스스로 만들어내는 창조자가 된다.

무용을 배우지 않은 일반 사람들은 종종 무대에서 깃털이 달린 부채, 북, 장고 같은 도구들을 '시각적인 장식' 정도로 생각하기 쉽다. 마치 연극의 소품처럼 잠깐 등장했다가 다시 사라지는 무대장치 말이다. 그러나 무구는 무용수의 감정과 이야기, 몸짓과 숨결이 고스란히 담기는 '또 하나의 몸'이라고 해도 과언이 아니다.

예를 들어보자!!

화가에게 붓이 없다고 생각해보면, 글씨는 쓸 수 있지만 그림은 그릴 수 없다.

요리사에게 칼이 없다면? 재료는 준비했어도 요리는 시작도 못 한다.

우리 일상도 마찬가지다.

어린아이가 비 오는 날 노란 우산을 펴면, 단지 비를 피하는 도구가 아니라 비를 벗 삼아 '기분 좋은 하루'의 상징이 될 수도 있다.

어머니가 앞치마를 두르고 부엌에 서 있으면, 그것은 단지 음식을 준비하는 모습으로 보이는 것이 아니라 '정성'이라는 마음의 표현이 될 수 있다.

이처럼 어떤 물건이 손에 들려있는 것이 아니라, 우리의 감정과 기억, 태도와 이야기를 담는 그릇이 되는 것이다. 춤에서 무구는 그런 존재인 것 같다.

한국춤에서 무구는 이야기, 감정, 리듬, 구조, 미를 모두 품고 있으며, 특히 악기와 결합된 무구는 춤과 음악을 하나로 녹여내는 독창적인 예술로 승화되고 있다. 무구를 통해 한국춤은 시각·청각·정서적 깊이를 더하며, 세계 어디에서도 볼 수 없는 독특한 미감을 창조하고 있는 것이다.

춤은 말이 없기에 몸짓과 감정을 통해 이야기를 전하는 예술이다. 그래서 감정 표현은 더욱 중요하다. 예를 들어, 부채춤을 떠올려보자.

화려하게 펼쳐지는 부채는 마치 꽃이 피어나는 듯한 자연의 형상을 통해 여성의 우아함과 자연의 아름다움 그리고 기쁨과 환희의 감정을 시각적으로 풀어낸다.

또한 부채의 빠르고 역동적인 움직임은 흥과 활력을 느리고 유려한 움직임은 고요함과 몰입의 정서를 관객에게 전달하여, 언어 없이도 깊은 감정의 울림을 만들어낸다.

한삼을 이용한 춘앵전 역시 부드럽게 흩날리는 천의 흐름을 통해 마음의 울림이나 그리움을 표현한다. 춘앵전은 궁중무용으로 한삼을 손끝에 늘어뜨린 채 새처럼 나풀거리며 추는 모습이 매우 아름답고 섬세하다.

또한 북춤, 장고춤, 소고춤, 진쇠춤처럼 소리를 직접 만들어내는 무구는 더욱 특별하다. 무구는 손에 들고 있는 물건이 아닌, 리듬을 만들어내는 도구이기도 하다. 장단에 맞춰 북을 치며 몸을 움직이는 북춤은 무용수와 악기가 하나가 되는 형태로 음악과 춤이 완벽히 어우러지는 구조를 보여준다.

장고춤은 한 손엔 채를 다른 손엔 장고를 메고 정교하게 박자를 맞추며 추기 때문에 춤과 리듬의 일체감이 뛰어나야 한다. 이는 무구가 단지 보조적 소품이 아니라, 춤 그 자체를 구성하는 핵심이라는 것을 말해준다.

한국춤에서 사용되는 무구는 그 자체로도 아름다운 예술품이다. 정교한 문양의 부채, 색색의 수건, 장고의 곡선, 칼의 번뜩임 등은 모두 한국 전통미의 정수를 보여준다. 무구를 통해 춤은 더욱 시각적이고 감각적인 예술이 되며, 관객은 더욱 깊은 몰입감을 느끼게 된다.

그래서 나는 무대를 오를 때마다 내 손에 들린 검무의 칼, 북, 수건 하나하

나를 존중한다. 그것은 '소품' 뿐만이 아니라, 내 마음의 확장이고 내 이야기를 전하는 하나의 언어이기 때문이다.

우리의 삶도 이와 닮아 있지 않나?

아이와 눈 마주치며 흔들어주는 장난감 하나, 정성스레 꿰맨 손뜨개 인형 감정을 담아 꾹꾹 눌러쓴 편지 한 장

이 모든 것들도 우리의 마음을 전달하는 작은 무구가 될 수 있다.

우리는 모두 나름의 무구를 들고, 각자의 무대를 살아가는 무용수인지도 모른다.

한국춤에서 맨손으로 추는 춤도 존재하지만, 수많은 무구가 더해진 춤은

훨씬 더 풍성한 메시지와 감동을 전달한다. 따라서 춤과 무구는 마치 붓과 종이처럼, 서로를 완성시키는 관계이다.

그만큼 무구를 잘 다룬다는 것은 결국 '마음을 잘 표현하는 법'을 아는 것이다.

그리고 그것은 무용수뿐 아니라, 살아가는 우리 모두에게 필요한 감각 아닐까?

/ 2025. 03.12

3부 I 몸도 철학이 됩니다.

1

—

"힘들어도 춤길만 걷자": 예술러의 현실

장마에도 끝이 있듯, 나의 인생길과 춤길에 놓인 고생의 시간들도 언젠가는 끝이 있을까? 문득 그런 생각이 들었다.

이것이 과연 긍정적인 사고의 결과일까, 아니면 지나친 낙관주의에 불과한 것일까?

혹은 이 삶을 끝까지 견디기 위한 내면의 지혜일지도 모르겠다.

하지만 그러한 의문 속에서도 나는 여전히 믿고 싶다. 내가 지나온 길들이 결코 헛되지 않았다는 것과 지금의 이 시간들 또한 언젠가는 의미로 되돌아올 것이라는 그 믿음을…나에게 있어 인생과 춤은 따로 떼어놓을 수 없는 하나의 길이었다.

그것은 어쩌면 운명처럼 내게 다가왔고, 매 순간이 배움과 성장의 연속이었다.

처음 두 발로 걷기 시작했을 때처럼, 나는 수없이 넘어지고 다시 일어서기를 반복하며 춤을 익혀왔다. 그리고 삶을 살아가는 법도 그와 다르지 않았다. 학창 시절부터 사회생활에 이르기까지 수많은 실패와 성공을 겪으며 춤이라는 길은 어느새 나의 존재 이유처럼 마음 깊이 자리 잡게 되었다. 넘어짐은 때로 아프고 지치게 했지만, 그 안에서 얻은 깨달음은 오늘의 나를 만든 소중한 자양분이 되었다.

나는 새로운 상황에 처하거나 낯선 사람을 만날 때면 조심스러워지는 편이다. 그럼에도 불구하고 항상 상대방의 장점을 먼저 보려는 긍정적인 태도를 유지하려 노력해왔다. 그러나 그런 배려와 신뢰는 때때로 예상치 못한 상처로 돌아오곤 했다.

상대의 이기심이나 갑질 앞에서 내가 보여준 따뜻함은 너무 쉽게 이용당하기도 했고, 그럴 때면 나 스스로도 지치고 혼란스러워졌다.

사람들은 왜 그렇게 쉽게 타인을 실망시킬까? 왜 그렇게 자기 중심적일까? 하는 회의감이 나를 괴롭혔다. 그럼에도 나는 여전히 아닌 척, 괜찮은 척하며 버티고 있었고, 그렇게 살아가는 내 모습이 때때로 스스로도 놀라울 만큼 멀쩡해 보였다. 이런 현실 속에서 나는 '어떻게 해야 나를 지켜낼 수 있을까'라는 질문에 매번 부딪혔다.

그러던 중 『논어』의 한 구절이 내 마음에 깊이 스며들었다.

"군자불기(君子不器)"

군자는 그릇과 같이 스스로를 제한하지 않는다는 말… 이는 내게 깊은 자각을 안겨주었다. 단 하나의 전문성에 머무는 것이 아니라 다방면의 경험과 식견을 통해 자신을 확장해가는 자세 그것이야말로 지금의 나에게 가장 필요한 태도라는 것을 절감하게 되었다.

이제 불혹의 나이를 훌쩍 넘은 나는, 내 삶의 방향을 더욱 확고히 해야 할 시점에 서 있다. 누군가의 말에 흔들리지 않고, 무엇에도 쉽게 마음을 빼앗기지 않으며, "불파불립(不破不立)" 부수어야 비로소 세울 수 있다는 진리를 가슴 깊이 새기며 중심을 지키고자 한다.

춤을 춘 지도 어느덧 34년이 흘렀지만, 춤에 대한 열정과 공부하는 태도는 여전히 뜨겁다. 오히려 시간이 흐를수록 더욱 깊어지고 치열해졌다. 공연을 앞두고 나는 수많은 동작들을 마치 해부하듯 세밀하게 분석하며 연습에 임한다.

장단의 흐름에 따라 신체의 각 마디마다, 호흡과 시선, 감정 표현 그리고 몸의 감각 하나하나까지 꼼꼼히 점검한다. 그렇게 연습실에서 수없이 고민하고 다듬어낸 시간들이 마침내 무대 위에서 하나의 '춤'으로 살아난다. 이 모든 과정은 몸의 기억으로 각인되어야 비로소 무대 위에서 예술로 빛날 수 있다.

어느 날, TV 인터뷰에서 "좋아하는 일과 잘하는 일 중 하나를 고른다면?" 어느 것을 선택하시겠어요? 라는 질문을 들었다. 한 출연자는 현실적으로 "잘하는 일을 해야 돈을 벌 수 있다"고 대답했다. 그 말도 이해는 되었다.

그러나 나는 여전히 '좋아하는 일을 선택하고, 그것을 잘하게 만들어야 한다'는 믿음을 고수한다. 좋아하는 일을 통해 성취와 행복을 찾아가는 것, 그것이야말로 진정한 삶이 아닐까 생각한다.

배는 항구에 있을 때 가장 안전하지만, 그것이 배의 존재 이유는 아니듯 나의 삶 또한 그와 같다. 비록 자전거를 처음 탈 때처럼 위태롭고, 때로는 느리고 힘겨운 오르막을 올라가야 할지라도 속도가 중요한 것이 아니라 방향이 더 중요하다는 사실을 나는 잘 알고 있다.

영화 <배트맨 비긴즈> 속 대사처럼 "우리가 왜 넘어지는지 아나? 다시 일어서는 법을 배우기 위함이지." 삶은 넘어진다는 그 사실 자체보다 다시 일어설 수 있다는 희망 속에서 의미를 갖는다. 넘어짐은 실패가 아니라 배우고 성장하는 디딤돌이다.

장마에도 끝이 있듯, 지금의 이 고생 또한 언젠가는 끝이 나리라 믿는다. 그러나 그 끝은 마침표가 아니라 또 다른 시작이며, 나는 그 여정을 묵묵히 이어갈 것이다.

모든 이야기에는 끝이 있지만, 인생의 끝은 늘 새로운 사유와 직면의 시작이다. 그렇기에 나의 삶은 오늘도 그렇게 계속 이어진다.

/ **2019. 11. 29.**

2

—

생각하는 몸, 움직이는 철학

지인의 추천으로 루크레티우스의『사물의 본성에 관하여』를 읽어보게 되었다. 이 책은 가끔 공허함과 존재론적으로 방황을 하는 필자에게 삶의 채찍질을 해주는 것 같기도 하고, 때로는 지친 마음을 어루만지듯 따뜻한 손길을 건네주는 인생의 지침서 같았다.

책 속에서 펼쳐지는 에피쿠로스 학파의 사상과 자연주의 철학은 우주와 인간의 본질을 탐구하며, 살아가는 동안 우리가 무엇을 추구해야 하는지에 대한 깊은 통찰을 제공해주고 있다.

루크레티우스는 우주 만물, 자연, 신, 종교, 도덕, 윤리, 죽음, 인간과 영혼의 세계, 생성과 소멸의 순환적 원리에 이르기까지 다양한 삶을 살아가면서 인간이 가장 근본적으로 알아야 할 핵심요소에 대해 독자들이 사유하도록 설명하고 있다.

특히, 영혼은 육신의 죽음과 함께 분해되어 우주의 원자로 돌아가며, 원자는 다시 새로 결합하여 이전과는 관계없는 다른 생명으로 태어남으로 사후세계도, 윤회도 존재하지 않는다는 것이다.

이처럼 루크레티우스는 호모사피엔스 이후 축의 시대를 살고있는 인간에게 '영혼'은 마음이자 정신이듯 신을 뛰어넘는 인간의 초월성, 원초적 본성으로 삶을 살아가면서 죽음에 이르기까지 원자의 운동(생성과 소멸의 순환적 원리)을 통해 우주를 설명하고 있다. 그의 철학은 인류에게 죽음의 공포를 내려놓고, 자연의 순리에 따라 삶을 긍정적으로 바라보도록 이끈다.

루크레티우스는 우주가 원자의 운동으로 이루어졌음을 강조한다. 모든 것은 움직임 속에 있으며, 생성과 소멸을 반복하는 순환 속에서 존재한다. 이러한 관점은 인생의 본질을 들여다보는 창이 된다. 우리 삶도 우주의 먼지처럼 흔적을 남기며 순환하고, 좋을 때와 나쁠 때가 교차하는 자연의 이치를 따른다.

"생겨나면 죽고, 죽으면 다시 생긴다"는 그의 사상은 인간의 욕망과 탐욕을 경계하며, 자연의 순리를 받아들이는 태도를 일깨운다. 이는 인간의 삶을 더 건강하고 행복하게 만드는 길을 제시하며, 스스로의 길을 찾아가도록 돕는 길잡이가 된다.

그렇기 때문에 우리의 삶은 우주먼지의 흔적을 남기며 인생과 역사도 이처럼 끊임없이 변화하며 순환 회귀(歸)한다고 본다. 인생과 역사도 좋을 때가 있으면 나쁠 때가 있고, 나쁠 때가 있으면 좋을 때가 있듯, 생겨나면 죽고 죽으면 반드시 생기며, 덜면 더해지고 더하면 반드시 덜어진다.

또한 비워지면 언젠가 채워지며, 낡으면 언젠가 새로워지고, 잃은 것은 언젠가 얻게 되고 많은 것은 언젠가 덜어지는 것, 그것이 자연의 이치이자 삶인 것 같다.

그래서인지 이 책은 인간이 살아가면서 어떻게 하면 건강하고 행복하게 살아갈 수 있는지, 하고자 하는바, 필요로 하는바, 성공하는 바를 얻도록 하는 방법을 사유하는 삶을 통해 깨달음으로 이끌며, 스스로의 길을 찾아가도록 길잡이 역할을 해주고 있는 것 같다.

이렇듯 철학사, 사상사적 자료로 쉽게 읽혀지지 않았지만 인간성 상실의 정점을 찍고 있는 현 사회에서 인간이 살아가면서 가장 기본적으로 중시해야 하는 본질이 무엇인지를 일깨워주고 있다.

우리에게 삶이란 무엇인가? 우리는 어떻게 살아가야 하는가?

인류는 끊임없이 우주의 생성원리를 인간의 이성적 사고로 해결하려 노력하며 우주만물의 본질에 대한 답을 얻으려 노력하고 있다. 하지만 오늘날 사회는 이기적인 개인의 취향대로 살려다 보니 교육은 이미 땅에 떨어지고, 윤리·도덕도 사라져가고 있으며, 인간의 탐욕이 세상을 지배하듯 이제는 살아가야 할 방향을 상실한 채 모두가 서로에게 길을 묻고 있는 것 같다.

이에 루크레티우스는 자연의 이치를 알게 되면 저절로 '사유와 감성을 긍정으로 만든다'고 말하듯 자연주의는 부정적인 것의 권위를 공격하고 부정적인 것으로부터 모든 능력을 박탈하며 부정적인 것의 정신은 철학에서 말할 권리가 없음을 밝히고 있다.

다시 말해, 루크레티우스는 긍정의 철학으로서 자연주의를 다양한 것의 기쁨에 연관된 감각론 그리고 다수의 긍정에 연관된 다원주의로 모든 신비화(신화화)에 대한 실천적 비판을 확립했던 것이다.

『사물의 본성에 대하여』를 통해 우주 만물의 본질을 끊임없이 탐구하고 사유하는 과정은 자연의 조화로움을 중시하는 한국 전통춤의 철학과 필자의 삶과 내면의 예술세계와도 깊이 연결되어 있다고 생각한다.

인간은 끊임없이 자연과 공생하면서 자연으로부터 영향을 받으며 살아가고 있다. 인간과 자연을 바라보는 관점이 다양하듯, 필자는 자연을 어떻게 마주하느냐에 따라 예술적 사유의 방식도 달라진다고 본다. 인간과 무용을 포함한 자연이 서로를 생명체로 인정하고 관계 맺으며 살아가는 것에 대해 끊임없이 고민하고 있다.

세상에는 다양한 가치가 있고, 삶의 방식 또한 각기 다르지만 장자는 한쪽을 기준으로 보려 하지 말고 여러 각도로 바라보며, 양쪽을 다 인정하면 시비(是非)를 일으키지 않고 조화를 이룰 수 있다고 하였다.

이는 옳고 그름의 시비를 따지는 것이 아닌 자연을 거스를 수 없다는 것이며, 그 어떤 합리화로도 타인을 구속할 수도 강요해서도 안 되는 것이기에 자연의 이치대로 조화롭게 살아가면 된다는 것이다.

이처럼 인생과 춤은 자연의 순리에 따라 차분히 탐구해 나갈 때, 마침내 완숙의 경지에서 삶과 예술의 진정한 아름다움이 드러날 수 있다.

도교 사상에서는 도보다 더 높은 개념이 '자연(自然)', 즉 '저절로 그러함'으로 본다. 이는 인위적으로 무엇을 하려 하지 않고, 있는 그대로의 흐름을 따르는 삶의 방식이다.

장자의 철학에서도 이와 같은 자연스러움을 강조하며, 특히 '무기(無己)', 즉 '자기를 비우는 것'을 통해 존재의 본질에 도달할 수 있다고 보았다. 이는 나를 내세우지 않고, 집착을 내려놓으며, 모든 것과 조화를 이루는 삶의 태도를 말한다.

필자 역시 지나온 인생과 춤의 시간을 되돌아보며 의식의 변화와 사유의 깊이, 세상을 바라보는 시선의 확장을 느끼고 있으며, 앞으로도 나만의 예술적 프레임 속에서 배움과 깨달음의 길을 꾸준히 걸어가고자 한다.

/ **2021. 11. 19.**

3

—

예술 경험의 함정 카드 오픈: 예술가의 착각

2022년 대한민국 "무용교육 포럼"은 무용교육의 현주소와 미래를 고민하는 장이었다. 무용교육혁신위원회와 대한무용협회가 주최한 이 포럼은 무용교육의 독립성과 발전 가능성을 논의하는 중요한 자리였지만, 무용교과가 여전히 체육교과로 분류되고, 예술교과로 자리 잡지 못한 현실은 아쉬움을 남겼다.

이 포럼은 무용교육의 본질적 가치를 재조명하고, 더 나은 방향성을 모색하는 자리였으나, 무용교육계 내부의 연대 부족과 과거에 안주한 교육 체계의 한계를 확인하는 계기이기도 했다.

우리나라에서 무용교과목이 신설된 지 60년이 지났지만, 여전히 체육교과로 교육되고 있다. 이는 무용이 예술교육의 핵심과목으로 대우받지 못하는 현실을 반영한다. 2022년 개정 교육과정이 개인의 성장과 포용력, 창의력을 강조하면서도 무용교과를 일반선택 과목에서 제외한 것은 무용교육의 가치가 교육계에서 얼마나 저평가되고 있는지를 보여준다.

무용교육계의 문제는 단순히 제도적 한계에 그치지 않는다. 무용학과 교수들의 무관심과 무용교육계 내부의 연대 부족은 무용교육의 발전을 더욱 어렵게 하고 있다. 포럼에 참석한 무용학과 교수들이 무용교과 독립의 중요성조차 제대로 인식하지 못했다는 사실은 무용교육계가 얼마나 소통과 혁신에서 멀어져 있는지를 드러낸다.

이렇듯 무용은 예술교육의 핵심과목으로 예술교과 중에서 음악, 미술, 연극과 함께 일반 선택과목으로 분류되지 못하고 진로선택·융합선택과목에 머무르는 교육개정을 계획하고 있어 안타까운 마음이다.

어째서 예술교육의 정수인 무용이 예술교과 군의 일반선택에서 배제가 되고 있는 것인지? 무용인들의 단합이 아쉬운 현시점에서 무용교과 독립을 위해 20년간 추진해온 김화숙교수님을 비롯한 무용교육혁신위원회분들의 노고를 깊이 새기며, 소통과 화합이 동시에 이루어지는 것만이 해결책이라는 생각이 들었다.

발제가 끝나고 각 대학의 무용학과 교수들 및 무용교육을 시행하고 있는 중·고등학교의 일반교사, 예술강사를 중심으로 토론이 이루어지면서 필자는 무용교육의 실태 및 문제점을 진단하고 이에 대한 반성과 개선책에 대한 논의를 기대하였다.

학교현장에서 무용학과 전공생을 지도하는 교수로서 어떠한 부분에 공감하고 있으며, 예술무용이 아닌 학교무용의 독립된 학과목으로 제공되지 못하고 있는 실정에 대한 문제점과 각 대학의 커리큘럼으로 어떻게 하면 적용할 수 있을지...

어떻게 하면 무용 전공생들의 전공을 세부적으로 살리고 교육적으로 발전시켜 나아갈 수 있을지...요즘 교수자들이 고민하고 있는 교육의 문제점은 무엇인지 등 궁금하였다.

하지만 무용학과 교수들은 이에 대한 토론을 나누고자 찾아온 무용전공자 및 무용교육계 관계자들에게 공감되는 논의는 커녕 무용교과독립을 위한 무

용인의 결의가 이루어지고 있음조차 모르고 이러한 포럼 발제에 대한 내용을 이제야 숙지한 듯 연신 놀랍다고 이야기하는 모습에 경악을 하지 않을 수 없었다.

가능할 것 같은 해결책을 왜 우리는 모르고 있거나 아니면 외면하려는 것일까?

그렇다면, 이러한 상황이 도래할 수 밖에 없는 근본적인 이유는 무엇일까?

우리 사회는 개인의 경험만을 절대화하는 경험주의가 당연한 것으로 여겨지는 경향이 있다. 이러한 분위기 속에서 무용교육계의 전문가들마저도 문제의 심각성에 공감하거나 목소리를 내기보다는 연대의식 부족과 책임 회피의 태도로 이를 외면하는 듯한 모습이 나타나고 있다.

특히, 대학의 무용학과는 여전히 실기 위주의 예술무용 중심 교육에 머물러 있으며, 교수·학습과정 또한 정해진 커리큘럼 체제에 따라 운영되고 있다. 더불어, 학교현장의 교수진과 기득권자들 역시 오랫동안 답습해온 교육방식을 정답처럼 여긴 채, 무용교육의 개혁이나 다양한 연구의 필요성에 대해 깊이 있는 문제의식을 갖지 못하고 있는 듯하다.

앞으로는 대학 무용학과의 체제 전반에 대한 분석과 더불어, 졸업 이후 진로에 대한 실질적인 방향 모색이 함께 이루어져야 한다. 나아가 무용교육은 사회 속에서 예술이 어떤 역할을 할 수 있는지에 대한 고민을 바탕으로 생산적이고 창조적인 교육 체계를 구축해야 한다.

이를 통해 무용은 예술로서의 본질을 회복하고, 사회적 가치를 실현하는 교육으로 거듭날 수 있을 것이다. 이러한 본질적인 논의를 통해 필자는 '예술가들의 경험에 대한 함정'에 대해 다시금 깊이 있게 사유하게 되었다.

예술가들은 어떠한 경험을 하며 살아가고 있는가?

우리 삶에서 경험은 좋은 스승이라 볼 수 있고, 좋은 경험은 신뢰할 수 있는 나의 스승이 되기도 하지만 때론 이러한 경험들로 미래를 내다보지 못할 수도 있다는 것을 우리는 자각하지 못하고 있는 것 같다. 끊임없이 진화하는 세상에서 과거의 경험이 주는 융통성 없고 신뢰할 수 없는 가르침을 따른다면 시대의 흐름을 따라가지 못할 것이다.[17)]

다시 말해, 무용교육계는 우물 안 개구리식의 좁은 단견(短見) 안에서 정작 코앞에서 벌어지는 일은 보지 못하고 있다. 이는 무용교육계가 주입식, 도제식의 거대한 독점적 수직구조의 이해관계라는 난공불락(難攻不落)의 성벽으로 존재하기에 그렇다는 것이다.

예술가는 어린시절부터 몸으로 체화되는 경험 및 각 기관의 다양한 교육을 받음으로써 반복적인 학습을 그대로 배우며 살아가고 있기 때문에 고정관념에 사로잡혀 독특한 창의력을 발휘하지 못한다.

게다가 변함없는 입시제도의 부조리, 대학입학을 위한 콩쿨의 입상 등 순수한 마음을 가지고 갈고 닦기 시작한 춤은 진정한 춤과는 별개의 맹목적 교육체계의 악순환 구조로 무용교육계의 발전은 힘든 상황이라고 볼 수 있다.

특히, 낡은 습관을 과감하게 끊어 내지 못하는 전통춤은 문화재 종목의 집중화, 획일화에 의한 단순 반복적 답습에 머무르고 있는 문제점에 대해 대중적 관점의 직관적, 감성적 소통을 위한 창조적 시선이 필요한 때이다.

예컨대, 전통춤은 해묵은 전통을 고집한다. 그렇기 때문에 제도적 전승에 의한 한국적 몸짓에 머무르듯 능숙함에 빠져 자신의 개성 및 창의성을 발휘하기 어렵다.

특히, 예술가가 갖추어야 할 자질은 여러 가지가 있지만, 그 중에서 빼놓을 수 없는 것이 '인성과 고유함'일 것이다.

예술가의 인성과 고유한 개성은 시간이 흐르며 충분히 익어갈 때 비로소 드러난다. 오랜 노력과 경험을 통해 자신만의 색깔과 감성이 몸에 자연스럽게 배어들고, 그렇게 만들어진 작품에는 예술가의 생각과 느낌이 저절로 녹아든다. 결국, 진짜 예술은 억지로 만드는 것이 아니라, 삶과 예술이 하나 되어 자연스럽게 드러나는 것이다.

그렇기 때문에 예술가에게는 예술적 기량만큼이나 자신의 마음과 태도를 다듬는 일이 중요하다. 내면의 성찰 없이는 진정한 예술적 깊이에 이르기 어렵기 때문이다.

율곡 이이가 말한 혁파구습(革罷舊習)은 낡은 습관을 혁파하라는 뜻이다. 자신의 몸과 정신을 장악하고 있는 나쁜 기질과 품성 그리고 낡은 습관과 잘못된 버릇을 고치거나 끊임없이 자신을 혁신하지 못한다면 스스로 세운 그 뜻이 약이 아닌 독이 될 수도 있다는 사실을 깊이 새겨야 한다는 의미다.

우리는 낡은 습관을 혁파하고, 전통과 현대를 조화롭게 융합하여 새로운 교육체계를 만들어야 한다.

"사람다움이란 무엇인가?" "진정한 예술가는 무엇을 추구해야 하는가?"

이러한 질문에 대한 답을 찾는 과정에서 무용교육은 개인의 삶과 예술적 감성을 풍요롭게 하는 길을 열어갈 수 있다.

'사람다운 사람'이 되기 위해… '진정한 예술가'가 되기 위해…

‘사람다움의 길’, ‘ 진정한 예술가의 길’을 어떻게 가야할까?
오늘도 사유(思惟) 해본다.

/ **2022. 11. 25.**

4

—

동양 vs 서양, 몸에 대한 두 가지 시선.zip

오늘날 21세기는 '몸[舞]의 시대'라 해도 과언이 아닐 만큼, 사람들 사이에서 몸의 중요성이 널리 인식되고 있다. 이는 몸을 통해 감정과 정체성을 표현하고, 타인과 소통하려는 인간의 욕구가 점점 더 커지고 있기 때문이다.

이러한 흐름 속에서 몸의 움직임, 즉 춤[舞]은 인간의 내면과 외면을 아우르며 깊은 성찰을 이끌어내는 통로로 주목받고 있다. 다시 말해, 춤을 어떻게 추고 느끼느냐는 한 사람의 내면 상태는 물론, 세상을 바라보는 태도와도 밀접한 관련이 있다. 따라서 몸과 마음을 분리하지 않고 통합적으로 이해하려는 보다 확장된 시각이 요청된다.

이러한 논의를 보다 철학적으로 접근하고자 할 때, 프랑스 철학자 모리스 메를로-퐁티(Maurice Merleau-Ponty)의 사유는 깊은 통찰을 제공한다. 그는 전통적으로 정신을 중심에 두었던 철학 담론 속에서 처음으로 '몸'을 사유의 핵심으로 끌어올린 인물이다. 메를로-퐁티는 정신을 절대화하는 사고가 오히려 현실 세계를 왜곡할 수 있다고 보았으며, 우리가 살아 숨 쉬는 이 세계야말로 가장 실제적이고 참된 세계임을 강조했다.

메를로-퐁티 철학의 핵심은 바로 '지각(知覺)'에 있다. 그는 인간이 세상을 경험하는 것은 결국, 몸을 통해 느끼고 깨닫는 것이라고 보았다. 즉, 몸은 껍데기가 아니라 정신과 의식이 깃든 살아있는 존재라는 것이다. 그는 이런 개념을 '체화된 의식'(conscience incarnée)이라고 했다.

이러한 그의 철학은 춤과 같은 예술에서 더욱 두드러진다.

‘체화된 의식’의 개념을 한국 전통춤에 적용해보면, 전통춤은 언어적 사고나 표상 이전에 오랜 수행과 연습과정을 통해 몸에 각인된 기억이 드러나는 예술이다. 이는 생각의 산물이 아니라, 몸이 익힌 감각과 리듬이 저절로 흘러나오는 고도의 수행적 예술성을 지닌다. 그래서 전통춤을 출 때는 고도의 집중과 몰입이 요구되며, 춤의 미적 원리와 기교는 의식적인 노력 없이도 몸 안에서 자연스럽게 구현된다.

예를 들어, 교방굿거리춤과 진도북춤은 이러한 즉흥성과 자유로움이 잘 드러나는 춤이다. 춤추는 이의 내면이 자유로운 움직임을 통해 드러나고, 이는 메를로-퐁티가 말한 ‘지각’과 ‘표현’이 일치하는 순간, 곧 몸과 마음이 하나가 되는 체험과 맞닿아 있다.

오랜 시간 동안 몸에 익힌 춤사위는 생각해서 나오는 것이 아니라, 마음과 연결된 몸의 기억 속에서 자연스럽게 흘러나온다. 이때의 춤은 계획된 동작이 아니라, 순간의 감응에서 비롯된 즉흥적 움직임이며, 몸과 마음의 완전한 조화를 통해 자연스레 발현된다. 이러한 순간은 시공간을 초월한 예술적 체험이며, 우리는 이를 ‘초월’ 혹은 ‘초연’의 상태라고 부를 수 있다.

이처럼 전통춤은 마음의 본질이 몸을 통해 드러나는 예술이다. 춤추는 사람의 마음에서 비롯된 움직임은 감상자의 마음에도 깊은 울림을 전하며, 감응과 교감을 이끌어낸다. 그렇기에 춤은 단지 감각적 즐거움에 머물지 않고, 사유의 깊이와 생태적 가치, 그리고 진정한 미(美)의 의미를 되묻게 한다.

한편, 이러한 몸과 마음의 일체성은 동양철학에서도 오랫동안 핵심적인 사유의 주제였다. 특히, 장자는 몸과 정신의 근원을 '도(道)'에 두며, 만물이 무형(無形)의 세계로부터 유래해 상호작용 속에 존재한다고 보았다.

그는『지북유(知北遊)』에서 다음과 같이 말한다.
"밝은 것은 어두운 데서 생겨나고, 유형(有形)의 것은 무형(無形)에서 생겨나며, 정신은 도(道)에서 생겨나고, 몸은 정(精)에서 생겨난다. 그리고 만물은 형체로서 서로를 생성한다"[18)]

이처럼 동양의 세계관에서도 형(形)과 정신, 몸과 마음, 유형과 무형은 분리된 것이 아니라, 하나의 흐름 속에서 상호 연결된 존재로 인식되었다. 이는 서구철학의 '체화된 의식'과도 상통하는 깊은 통찰로 전통춤을 통해 우리는 동서양의 몸 철학을 나란히 되새길 수 있다.

결국, 동서양을 막론하고 '몸'은 단순한 물질이 아니라, 삶과 세계를 체험하는 통로이자 관계의 매개체로 작용해왔다. 우리가 지금 이 시대를 '몸[舞]의 시대'라 부르는 이유는 바로 이러한 물리적·정신적 통합의 감각을 회복하려는 시대적 흐름을 반영하고 있기 때문일 것이다.

몸은 정신으로부터 비롯되며, 자연의 질서, 곧 도(道)와의 조화 속에서 존재한다고 보는 관점도 있다. 그러나 이러한 견해는 때로 유심론(唯心論)적이라는 비판을 받는다. 모든 것이 마음에서 비롯된다는 해석은 자칫 몸의 구체적이고 실존적인 의미를 간과할 수 있기 때문이다.

특히, 장자의 사유는 '나의 몸'과 '나의 생명'을 근원적으로 중시한다. 인간과 천지만물이 하나로 연결된 '일체(一體)'의 세계관은 몸과 마음, 정신과 육체가 분리되지 않고 조화롭게 연결되어야 한다는 사유로 이어진다.

필자는 이를 '천지만물의 마음(天地萬物之心)'[19]으로 설명한 바 있다 이러한 철학이 한국 전통춤의 정신적 토대가 된다고 보았다. 한국 전통춤은 내면의 성찰과 자연과의 조화를 몸으로 표현해내는 예술이며, 동양적 사유의 미학이 고스란히 배어있는 살아있는 수행이다.

그렇다면 마음의 상태는 몸의 상태이고, 몸의 상태는 곧 마음이라면 춤을 통해 마음이 드러나는 춤은 몸의 어디에서 나타나는가?

이 물음은 동양철학이 말하는 '본성과 마음의 자각' 그리고 그것을 닦아내는 '수련'의 의미로 확장된다. 이는 동양철학이 추구하는 이상적 인간상에 도달하기 위한 방법이며, 그 실천은 마음을 다스리고 본성을 회복하는 데 있다는 점에서 춤과 철학은 맞닿아 있다.[20]

한편, 메를로-퐁티는 우리가 세상을 인식하는 방식의 중심에 '몸'을 놓는다. 그는 인간의 몸이 단지 감각을 수용하는 수동적 존재가 아니라, 타자와 관계를 맺고 세계와 소통하는 '감각의 주체'임을 강조했다. 몸은 우리가 세상을 느끼고, 사유하고, 표현하는 하나의 창구이자, 인간 존재의 본질적 매개체이다.

철학이란 단지 외워 듣는 지식이 아니라, 스스로 사고하고 실천하며 그 안에서 깨달음을 얻는 과정이다. 예술도 마찬가지다. 춤은 단순히 몸을 움직이는 행위가 아니라, 몸과 마음이 함께 작동하며 세계와 만나는 예술적 표현이다.

예컨대, 누군가의 손을 잡았을 때 우리는 단지 온기를 느끼는 것이 아니라, 그 사람의 마음까지 함께 전해진다고 느낀다. 메를로-퐁티는 이처럼 우리의 모든 감정과 관계, 세계에 대한 지각이 몸을 통해 이루어지며, 이는 일방향이 아닌 '되돌아오는 감각', 즉 순환적 구조 안에 놓여 있다고 보았다.

장자 또한 인간의 몸과 마음, 감정과 기운이 따로 존재하는 것이 아니라, 하나의 흐름 안에서 조화롭게 움직여야 한다고 말한다. 몸이 지치면 마음도 약해지고, 마음이 흐트러지면 몸 역시 흔들리듯, 몸과 마음은 서로를 비추며 영향을 주고받는 유기체인 것이다.

이러한 동서양의 통찰은 춤이라는 예술 속에서 더욱 선명하게 드러난다.
한국 전통춤은 그 기교와 아름다움이 생각에서 비롯되는 것이 아니라, 마음속 깊이 배어있는 몸의 기억과 감응에서 비롯된다. 그 과정은 억지스러운 과시가 아닌 비움과 절제, 고요한 집중과 내면의 울림으로 완성된다.

결국, 춤은 철학이 말하는 '몸과 마음의 관계'를 살아 있는 움직임으로 구현해내는 예술이다. 몸을 통해 마음이 드러나고, 그 마음은 다시 몸을 통해 세상과 호흡한다. 춤은 곧 철학이고, 철학은 곧 춤이 된다.

앞으로 춤을 출 때, 우리는 어떤 마음과 어떤 몸의 상태를 담아내야 할까?

메를로-퐁티가 말한 '체화된 의식', 그리고 장자가 말한 '천지와의 일체'는 한국 전통춤의 심연 속에도 살아 숨 쉰다. 춤은 몸과 마음의 경계를 넘어 인간과 세계, 나와 너, 자연과 우주가 하나로 이어지는 예술이며, 그 안에서 우리는 진정한 아름다움과 깊은 깨달음을 경험하게 된다.

나는 앞으로 춤을 출 때, 한 사람의 몸에서 시작된 작은 떨림이 여러 사람의 숨결로 이어지고, 그것이 하나의 큰 흐름이 되어 숲이 되고 바다가 되는 춤을 만들고 싶다.

그런 춤을 통해 새롭게 만나는 몸과 마음!! 욕망을 비우고, 고요한 에너지와 깨달음을 쌓아가며 몸과 마음을 닦는 것을 근본으로 삼는 삶을 살아야 하지 않을까 고민해본다.

/ **2023. 02. 24.**

5

—

관찰자 모드: 춤 속 나를 들여다보다

우리는 공공연하게도 타인의 시선을 의식하며 살아간다. 특히, 위계질서가 뚜렷하고 차별이 존재하는 수직적 구조의 예체능계에서는 윗사람에게 잘 보이기 위해 애쓰는 일이 당연시되곤 한다. 그렇게 타인의 시선 속에서 나를 정의하려 했던 시간들이 너무나 많았다.

사랑해서 시작한 춤이었지만, 어느새 그것은 제도 안에 들어서기 위한 하나의 문이 되어 있었다. 나는 그 문턱에 닿기 위해 더 단단해지려 애썼고, 때로는 나 자신을 밀어붙이며 안간힘을 썼다. 그렇게 나는 '나'보다는 '타인에게 보일 나'를 연마하며, 늘 누군가의 응시 속에서 스스로를 다듬고 있었던 것이다.

나는 춤이라는 언어로 삶을 말하고자 했다. 무대 위에서만이 아니라, 일상에서도 몸짓 하나하나에 나의 생각과 감정을 담아내고 싶었다. 그래서 춤을 배우는 것에 그치지 않고, 그 의미를 깊이 이해하고자 글을 읽고 쓰며, 마음공부에까지 닿는 삶을 살아가고자 했다.

제도권 안에서 살아남기 위해서는 단순한 열정만으로는 부족하다는 걸 일찍부터 알았다. 그래서 더 많이 배우고, 더 넓게 이해하며, 더 깊이 표현하려 애썼다. 늘 시간에 쫓기듯 움직였고, 그 사이에서 사랑하는 가족을 충분히 챙기지 못한 날들이 쌓여갔다.

내 꿈을 이루기 위해 바쁘게 달리는 동안 가족들이 건네는 따뜻한 손길과 작은 일상의 챙김과 대화들이 뒷전으로 밀려났음을 이제서야 아프게 깨닫는다. 무언가를 이루기 위해 애쓰는 그 열망만큼 놓치고 있던 것들에 대한 후회 또한 커져만 갔다.

하지만 이제는 외부의 시선과 평가보다 나 자신의 움직임과 감정에 더 집중하려 한다. 마치 춤을 추는 나를 한 발 물러서서 바라보는 '관찰자 모드' 속에서 비로소 진짜의 나를 만나고자 한다.

그동안 나는 끊임없이 누군가의 눈을 의식했고, 그 안에서 내 진심이 어떻게 비춰질지를 두려워하면서 누군가의 눈동자 속에 살고 있었다.

선생님의 눈, 선배의 눈, 학교 및 주변 사람들의 눈, 관객의 눈…
그리고 어쩌면… 나조차도 타인의 시선으로 나를 바라보고 있었는지도 모른다.

"내가 지금 잘 보이고 있나?" "저 사람이 나를 어떻게 볼까?"
그런 생각들이 무의식처럼 따라다녔고, 그래서 춤을 출 때조차 나는 자유롭지 않았다. 그 수많은 시선 속에서 나는 늘 분주했고, 혼란스러웠다.

그 순간, 나는 멈추어 서기로 했다. 나를 향해 쏟아지던 눈빛들을 하나하나 걷어내고, 이제는 마침내 나 자신을 바라보려 한다.
누구의 기준도 아닌, 오롯이 나의 마음과 움직임에 귀 기울이며, 스스로의 진심에 정직해지려 한다. 춤은 여전히 내 삶의 중심에 있지만, 그 의미는 달라졌다.

이제 춤은 나를 평가받게 하는 수단이 아니라, 나를 이해하고 마주하는 하나의 방식이 되었다. 몸을 움직이며 내면의 울림에 집중할 때, 나는 비로소 나를 닮아가는 중이라는 것을 느낀다.

어쩌면 진짜 춤은 누군가의 박수를 받기 위해 완성된 동작이 아니라 삶 속에서 흔들리고 부딪히며 결국 다시 나로 돌아오는 그 과정 자체인지도 모른다.

지금 나는 춤추는 나를 바라보며 묻는다.
너는 어떤 마음으로 서 있는가?
한 걸음, 한 동작, 작은 숨결 하나하나에 내가 담겨 있었다.

관객이 아닌 내가 나를 바라보는 순간, 그동안 들리지 않던 내 마음의 소리가 들리기 시작했다.

"괜찮아, 완벽하지 않아도."
"지금 이 순간, 너답게 춤추면 돼."

재미있는 건, 내가 나를 관찰하게 되자 타인의 시선도 다르게 느껴지기 시작했다는 것이다. 전에는 그 시선이 칼날 같았는데, 이제는 조명처럼 느껴진다. 나를 비추는 빛처럼 말이다.

물론 여전히 두렵고 부담스러운 때도 있지만, 이제는 그 속에서 나를 더 깊이 이해하려 노력한다. 그리고 가끔은 내가 아닌 다른 사람이 나를 관찰하고 있는 시선도 떠올려 본다.

"저 사람, 지금 나를 어떻게 보고 있을까?"
이제는 거기서 멈추지 않는다.
"그래서 나는 나를 어떻게 보여주고 싶은가?"
"무엇을 보여주고 싶은가?"

관찰자 모드로 춤을 출 때, 나는 타인의 기준이 아닌 내 안의 진실에 더 가까워진다. 춤추는 내 모습 속에서 슬픔, 기쁨, 외로움, 용기도 보인다.
그 모든 감정들이 섞여서 하나의 움직임이 되고, 그 움직임은 내 삶의 이야기를 만들어간다.

'관찰자 모드'는 나를 멀리 떨어뜨려서 보는 것이 아니라, 오히려 더 가까이에서 나를 마주하는 용기다.

이제 나는 그렇게 춤을 추고 싶다. 누구를 위한 춤이 아닌 나를 위한 춤…
그리고 그 춤 속에서 나를 더 사랑하고, 더 이해하고, 더 자유로워지고 싶다.

그렇게 조금씩 나를 있는 그대로 받아들이기 시작하면서, 자연스럽게 나 자신을 관찰하는 눈이 열리기 시작했다. 그리고 그와 동시에 '관(觀)'의 세계가 열렸다.

'관(觀)'이란 단순히 바라보는 행위가 아니다. 사물의 본질을 꿰뚫고, 마음의 움직임을 들여다보는 지혜의 시선이다.

불교에서 말하는 '관'은 망상을 잠재우고 진리를 들여다보는 마음의 렌즈다.

무심(無心)한 눈으로 아무 의도도 욕망도 없이 있는 그대로를 바라보는 그 순간 그것이 진정한 관찰이다.

나는 그 눈으로 나를 보기로 했다. 땀이 묻은 이마, 어느새 더러워진 버선, 무너진 중심...

예전 같았으면 숨기고 고치려 들었을 모습들이 이제는 있는 그대로 의미 있게 다가왔다.

춤을 추는 나의 표정은 어땠을까? 내 시선은 어디를 향하고 있었을까?

내 몸은 정말 나의 마음을 따라 움직이고 있었을까?

혹시 너무 애쓰고 있는 건 아닐까?

지금 나는 무엇을 위해 이렇게 달리고, 춤추고, 살아가고 있는가?

이 질문들은 단지 춤에 대한 확인이 아니라, 삶을 향한 물음이기도 했다.

'관(觀)'은 멈춤이다. 멈춰서 들여다보는 것...

빨리 달리는 사람은 풍경을 놓치고, 멈춰선 사람은 그 안에 숨어 있는 아름다움을 발견한다고 한다.

춤 속에서 나를 '관(觀)'할 때, 나는 춤사위의 기교보다 감정의 흐름에 귀를 기울인다. 한 줄기 호흡, 천천히 올라가는 손의 곡선 속에서 나는 내가 지나온 삶의 파편들을 발견한다.

슬픔이 스며든 팔의 떨림
기쁨이 번지는 발끝의 속도
외로움이 흘러간 어깨의 무게감…
그 모든 감정들이 지금 이 춤 안에 살아 숨 쉬고 있다.

욕심 없이, 평가 없이, 있는 그대로의 나를 바라보는 일…
예전엔 타인의 시선이 무섭고 날카로운 칼날 같아 피하고만 싶었다.
지금은 그 시선을 마주 보며, 나는 묻는다.

"나는 나를 어떻게 보고 싶은가?"
거울은 정직하다. 나를 속이지 않는다.

이제는 타인의 시선에 휘둘리지 않는다.
거울 속 춤추는 나를 바라보며, 내 안의 목소리를 따라 춤춘다.
때로는 느리게, 때로는 망설이며, 그러나 분명히, 나답게…

다음 무대 위, 나는 조명이 아니라 나 자신에게 조명을 비출 것이다.
그리고 속삭일 것이다.

"괜찮아. 지금 이 순간, 넌 충분히 잘 해내고 있어."

/ **2019. 06. 28.**

6

색色으로 본 춤: 감정의 팔레트

어릴 적, 필자는 문득 '푸른 눈을 가진 외국인들은 세상이 푸르게 보일까?' 라는 엉뚱하지만 호기심 가득한 상상을 해본 적이 있다. 어린 마음에 세상을 바라보는 방식이 눈동자의 색깔에 따라 달라질지도 모른다고 생각했던 것이다. 그런데 시간이 지나 삶을 경험하며 깨닫게 된 것은 우리는 모두 자신만의 색깔로 세상을 바라보고 살아간다는 사실이었다.

삶은 다양한 색(色)으로 가득하다. 우리는 모든 색을 공유하고 있으면서도, 동시에 자신만의 색깔을 추구하며 살아간다. 붉은 열정, 푸른 평온, 노란 희망처럼 색은 우리 삶의 방향을 상징하기도 하고, 마음의 상태를 표현하기도 한다.

색은 시각적인 요소에 그치지 않고, 우주 만물의 본질을 나타내는 언어다. 색은 인간의 마음과 감정을 드러내며, 정치적 신념, 종교적 상징, 사회적 흐름, 문화적 가치, 예술적 표현 등 삶의 모든 영역에서 중요한 역할을 한다. 우리가 살아가는 곳곳에는 수많은 색채가 빛나고 있으며, 이 빛들은 우리의 삶과 생각을 비추며 끊임없이 영향을 미친다.

이처럼 색은 단순한 시각적 현상에 그치지 않고, 우리가 세상을 인식하고 느끼는 방식의 은유이기도 하다. 사람마다 세상을 바라보는 눈도, 마음도 다르기에 각자가 추구하는 색의 세계 또한 다르다.

어떤 이는 따뜻한 색으로 또 다른 이는 차분한 색으로 삶을 채색하지만, 결국 그 다양한 색들이 서로 어우러질 때, 비로소 세상은 조화롭고 다채로운 아름다움으로 완성된다.

삶은 곧 색이다. 우리가 보고 느끼고 경험하는 모든 것에는 고유의 색깔이 깃들어 있다. 그리고 이 색들은 우리의 생각과 감정 그리고 우리가 만들어가는 세상을 비추는 빛으로 남아 삶을 더욱 풍요롭게 만들어 준다.

색(色)은 그 자체로 말이 없지만, 그 안에 다양한 의미와 비유를 담고 있어 사람들의 감성과 설득력을 강하게 자극하는 '보이지 않는 큰 힘'을 지니고 있다. 색은 시각적인 요소를 넘어 사회와 문화 전반에 걸쳐 중요한 역할을 한다. 특히, 색은 정치적, 사회적 정체성을 드러내는 강력한 상징으로 활용된다.

예를 들어, 정치에서도 정치색이라는 말이 있듯이, 각 정당은 자신만의 색깔을 통해 정체성을 표현한다. 우리는 정당의 이름이나 정책을 자세히 듣지 않아도, 그 정당을 상징하는 색깔만으로도 어떤 정당인지 나아가 어떤 정치적 노선을 지지하는지 알 수 있다. 특정 색은 정당의 이념이나 비전을 나타내는 상징으로 자리 잡으며, 정치인과 유권자 간의 시각적 커뮤니케이션을 가능하게 한다.

총선을 앞두고 있는 정치인들은 지역색이나 특정 계층의 지지를 얻기 위해 색깔론 정치에 의존하는 경우가 많다. 이는 정치적 논쟁을 단순화하고, 대중의 감정을 자극하여 지지율을 높이려는 전략의 일환이다. 그러나 이러한 색깔론은 자칫 정치적 편향을 심화시키고, 사회적 분열을 초래할 위험성도 내포하고 있다.

또한, 연예인들도 자신의 소신을 드러내며 선거에 참여하거나 특정 정당을 지지하는 정치적 행위를 통해 정치색을 드러내는 경우도 많다. 이로 인해, 연예인의 발언이나 행동이 특정 색깔로 해석되면서 논란이 되는 사례도 종종 볼 수 있다. 이러한 정치색 논란은 정치적 참여가 확대되고 표현의 자유가 강조되는 현대사회에서 더욱 두드러지고 있다.

결국, 색은 눈에 보이는 물리적 특성이 아니라, 사람들의 감정을 움직이고, 특정 메시지를 전달하며, 집단의 정체성을 드러내는 강력한 상징적 도구다. 그러나 색의 힘이 큰 만큼, 그것이 활용되는 방식이 사회에 미치는 영향도 신중히 고려되어야 한다. 색은 조화와 통합의 수단이 될 수도, 분열과 갈등의 도구가 될 수도 있기 때문이다. 그렇기에 색은 시대와 문화에 따라 다양한 의미로 해석되며, 특정 공동체의 정신과 가치관을 담아내기도 한다.

이러한 의미에서 오방색(五方色)은 삶의 중요한 상징과 의미를 지닌 전통적 색깔 체계로 한국문화의 깊은 미학적 가치와 철학을 담고 있다. 오방색은 적색, 청색, 황색, 백색, 흑색으로 이루어져 있으며, 이는 천지인(天地人) 사상을 바탕으로 우주와 인간의 조화를 상징한다. 이러한 색채는 오행(五行), 오방위(五方位), 계절 그리고 인간의 신체와 심리적 상태까지 포괄하며, 우리 전통문화의 다양한 관심사와 연결되어 있다.

오방색(五方色)은 색채를 표현하는 데 그치지 않고, 의복, 공예, 사찰의 단청, 민화 등에 이르기까지 우리 삶 전반에 걸쳐 벽사(辟邪), 수복강녕(壽福康寧), 해탈, 권선징악의 염원을 담고 있다. 아울러 오방색은 한국의 서민문화에서도 빛을 발했다. 이는 서민들의 소박한 생활 속에서도 밝은 사상과 선한 마음을 통해 삶의 진실성을 드러내는 역할을 했다.

이는 조화롭고 균형 잡힌 미의식을 바탕으로 서민들의 의식주를 풍요롭게 만들었으며, 민속문화와 전통예술의 발전에도 큰 기여를 했다.

이처럼, 오방색은 색채 이상의 의미를 담고 있는 우리의 전통이자, 자연스럽게 이어져 내려온 색상이다. 이는 전통적인 음악의 선율과 소리, 그리고 춤사위와도 연결되며, 한국 전통문화의 독특한 특색을 나타낸다. 예컨대, 오방색은 한국춤인 처용무와 긴밀히 맞닿아 있다.

처용무(국가무형문화재 제39호 지정)는 신라 때 설화에서 비롯된 향악정재 중의 하나로, 다섯 명의 무원(舞員: 춤추는 사람)이 청색(동쪽), 적색(남쪽), 황색(중앙), 흑색(북쪽), 백색(서쪽)의 단의(緞衣)를 맡은 각 방향에 따라 맞춰 서서 처용탈과 사모를 쓰고 추는 춤이다.

뿐만 아니라, 처용무와 같은 궁중무용뿐 아니라, 오광대놀이나 봉산탈춤과 같은 민속 연희에서도 오방색은 중요한 상징적 역할을 한다. 특히 팔먹중의 소매 의상은 오색을 기본으로 구성되어 있으며, 이를 통해 민속적 상징성과 더불어 색의 조화미를 표현한다.

오방색은 음식 문화에서도 삶의 의미와 기원을 담아낸다. 가령, 정조는 사색당파의 폐단을 해결하기 위해 오행사상을 반영한 상징적 음식인 탕평채를 즐겼으며, 이는 '당파를 멈추라'는 뜻을 담은 정치적 메시지이기도 했다. 또한 잔칫상에 올려지는 국수 위의 오색 고명은 장수를 기원하는 의미를 지니며, 오행의 원리에 따라 다양한 재료가 사용되어 기복의 뜻을 더해준다.

색은 본연의 빛깔을 바탕으로 서로 어우러져 새로운 색을 창조해나간다. 이는 춤과도 흡사하다. 춤은 춤을 추는 이의 감정과 춤사위의 형상에 따라 무수한 빛깔을 만들어낸다. 색이 감정과 연결될 때 춤은 감정의 팔레트가 된다.

우리는 종종 말을 하지 않고도 감정을 표현할 수 있다. 슬픔은 어두운 회색이나 짙은 남색으로 기쁨은 밝은 노랑이나 생기 있는 주황빛으로 분노는 선명한 붉은색으로 표현되곤 한다. 춤에서도 이 감정의 색들은 고스란히 드러난다.

몸짓의 선율 속에서 희망은 부드러운 노란 빛으로 흘러나오고, 상실의 고통은 짙은 먹색으로 깃들며, 설렘은 화사한 연분홍으로 퍼진다. 이렇게 춤은 눈에 보이지 않는 마음의 색을 입고 무대 위를 유영(游泳)하며, 그 자체로 하나의 그림이 되고 음악이 된다.

즉흥춤에서는 이 감정의 팔레트가 더욱 선명하게 드러난다. 즉흥적인 움직임 속에는 계산되지 않은 진심이 묻어나며, 순간의 감정이 색처럼 몸을 따라 자연스럽게 흘러나온다. 무용수가 그 순간 느낀 감정은 동작의 크기, 속도, 리듬, 방향 속에 녹아들고, 그것은 곧 춤의 색이 된다.

따라서 춤은 마음속 팔레트를 열어 감정을 그려내는 일이다.

이처럼 춤은 색으로 감정을 말하고, 감정으로 색을 입히는 가장 본능적인 예술 언어다.

예술에서 결과물은 기량적 연습의 산물이 아니라, 다양한 색깔처럼 풍부한 상상력과 창의성을 통해 빚어진다. 이처럼 춤은 빛깔과 춤사위가 어우러져 만들어내는 독창적 작품으로 각각의 춤은 색채가 서로 섞이듯 다양한 감정과 메시지를 전달한다.

수많은 색 중에서 나는 어떤 색으로 세상에 비추어질까?

많은 색 중에 내 가슴을 설레게 하는 빛깔은 무엇이며, 내 마음을 아리게 하는 색은 무엇일까?

나는 이 질문에 대한 답을 흰색[白色]에서 찾는다. 흰색은 순결과 순수를 상징하며, 우리 민족의 심성과 기질에 가장 부합하는 색이다. 흰옷을 즐겨 입던 백의민족의 전통처럼 흰색은 깨끗함과 한국인의 정신적 정체성을 드러낸다.

흰색은 깨끗하고 순수한 것을 상징할 뿐 아니라, 모든 가능성을 품고 있는 색이다. 그래서 나는 흰색처럼 마음의 본질을 모두 담아 표현할 수 있는 춤을 추고자 한다. 흰색 도화지에 다양한 색채를 담아내듯, 자신의 춤사위를 통해 세상의 다양한 감정과 이야기를 담아내고 싶다. 이는 자신 본연의 색을 유지하면서도 타인의 빛깔을 존중하고 받아들이는 열린 태도에서 비롯되기도 한다.

이처럼 흰색은 나에게 있어 모든 색깔을 포용하며, 다른 색을 받아들임으로써 더 아름다워지는 융합과 조화의 색이다. 흰 도화지가 어떤 색을 받아들여도 본연의 모습을 유지하듯, 나의 춤 세계도 자연스러운 춤결과 마음결을 통해 어떠한 색도 흡수하고 표현할 수 있는 열린 세계를 지향하고 싶다.

누구든 무색인(無色人)은 없을 것이다. 각자는 고유한 색을 가지고 있으며, 그 색은 삶의 경험과 내면의 깊이 속에서 드러난다. 그러나 동아시아 철학에서 말하는 '도(道)'는 고정된 색을 초월한 '무색(無色)'의 본질이다.

『노자』「도덕경」 제1장은 이를 다음과 같이 설명한다.

> '도(道)'라고 할 수 있는 '도'는 영원한 '도'가 아니다. 이름 지을 수 있는 이름은 영원한 이름이 아니다. 이름 붙일 수 없는 그 무엇이 하늘과 땅의 시원이고, 이름 붙일 수 있는 것은 만물의 어머니이다. 그러므로 욕심이 없으면 그 오묘함을 볼 수 있고, 욕심이 있으면 그 나타남[徼(요)]을 볼 수 있다. 둘 다 근원은 같은 것이다. 이름이 다를 뿐 둘 다 현묘한 것이다. 현묘한 것의 현묘함이요, 모든 오묘함의 문이다.[21)]

이 구절에서 '도'는 형체도 이름도 없는 무형의 근원으로 모든 색을 품을 수 있는 무색(無色)의 상태에 가깝다.

필자는 이 무색의 개념을 예술철학의 핵심으로 삼는다. 무색은 고정되지 않은 상태이며, 모든 가능성을 품는 순수한 바탕이다. 춤 역시 특정한 감정이나 기교에 머물지 않고, 무한한 상상력과 유동성을 지닐 때 비로소 진정한 예술의 영역에 도달한다.

무색의 원리는 예술가의 창작 과정에서 중요한 의미를 지닌다. 예술은 고정된 규칙이 아니라, 끊임없는 생성과 변주의 흐름 속에서 피어난다. 춤에서의 무색은 비움이 아닌, 비움을 통한 감춤의 충만함이다.

이 과정에서 비움과 감춤은 춤의 본질에서 중요한 철학적 요소가 된다. 춤은 자아를 탐구하고 내면을 드러내는 수행의 길이다. 이렇게 마음을 비워낸 자리에 순수한 본성이 자리하며, 그 본성이 움직임을 통해 표현될 때 비로소 진정한 춤의 세계에 도달한다.

진정한 예술은 보이지 않는 색을 그리는 것 같다. 예술은 보이는 것을 재현하는 것이 아니라, 마음과 정신을 표현하는 창조의 과정이다. 보이지 않는 내면의 예술정신이 색채로 드러날 때 비로소 예술 고유의 깊이와 감동이 빛을 발하는 것 같다.

춤 또한 몸(身)과 마음(心)에서 비롯된 욕망을 비우고, 그것을 승화시킴으로써 본연의 마음을 드러내는 예술적 여정이다.

결국, 진정한 춤은 자연스러운 마음의 흐름과 내면의 본성을 드러내는 예술이다. 그리고 그 예술은 마치 흰색처럼 순수함을 바탕으로 세상 모든 색과 조화를 이루며, 깊고 넓은 울림을 만들어 낸다.

『문심조룡(文心雕龍)』, 1장 원도(原道)는 이 같은 예술적 원리를 더욱 잘 설명해 주고 있다.

문(文)의 덕(德)은 지극히 크다. 그것은 천지와 함께 생겨났다. 어째서 그런가? 하늘과 땅이 생겨나자 검은색과 누른색의 구별이 생겨났고 원형(圓形)과 방형(方形)의 구별이 생겨났다. 해와 달은 아름다운 옥을 겹쳐 놓은 것과 같이 하늘에 붙어 있는 형상을 나타내고, 산과 하천은 비단에 새겨 놓은 것과 같아서 땅에 펼쳐져 있는 형상을 나타낸다. 이것이 문(文)의 도(道)이다. 위를 쳐다보면 해와 달이 빛을 발하고, 아래를 굽어보면 산과 하천이 아름다운 무늬를 머금고 있다. 이는 높고 낮음의 자리가 정해진 것으로써 음양이 생겨난 것이다. 인간만이 참여할 수 있으며 성령을 지니고 있기에 이를 삼재(三才)라고 부른다. 오행(五行)의 빼어남이요, 천지의 마음이다. 마음이 생겨나면서 언어가 세워지게 되고, 언어가 세워지면서 문명(文明)이 자리하게 된다. 이것이 자연의 도(道)다.[22]

『문심조룡(文心雕龍)』은 예술과 문학 그리고 인간의 삶에서 '도(道)'가 가진 근본적 의미를 탐구하는 중요한 시작점이다. 위의 인용문에서는 도(道)를 우주와 자연의 원리로 설명하며, 동양의 우주관인 음양의 이치를 바탕으로 자연과 인간, 그리고 예술의 조화로운 관계를 해석하고 있다.

자연은 도(道)의 신비로운 색채와 아름다움을 드러낸다. 바람에 흔들려 울리는 종소리, 물이 바위를 두드리며 흐르는 소리, 이 모든 자연의 음향은 각기 다른 소리이지만 조화를 이루며 하나가 된다.

이렇듯 자연 속에서 스스로 드러나는 질서와 아름다움, 그것이 바로 도(道)의 문(文), 곧 우주의 섭리이자 그 안에 깃든 조화다. 자연은 형상과 소리로 무늬를 만들어내며, 이 무늬와 음향은 도의 존재를 표현하는 하나의 예술적 발현이라 할 수 있다.

이는 곧 도(道)와 문(文)이 결합된 예술의 정수이자, 삶과 예술이 궁극적으로 지향해야 할 방향이라 할 수 있다.

『문심조룡(文心雕龍)』이 전하는 도(道)의 본질은 인간과 자연, 그리고 예술이 하나 되어 조화를 이루는 삶에 있다. 필자는 이 도의 정신을 바탕으로 춤이라는 예술 속에 세상의 순수한 빛깔을 담아내고자 한다.

이러한 참된 '도(道)'를 통해 근본적인 삶을 어떻게 살아가야 하는지?

세상에 비추는 나만의 색은 '흰색'인 것 같다. 흰색이 지닌 순수함과 무한한 가능성처럼 모두가 자기만의 색을 찾아 삶을 더욱 풍요롭게 가꾸는 데 작은 보탬이 되기를 바란다.

마치 엄마의 뱃속에서 처음 세상에 나와 밝은 빛을 마주한 순간처럼, 순수한 춤의 빛깔로 세상을 감동의 빛과 물결로 물들이며, 우리의 삶을 더 가치 있고 의미 있게 만들어가듯이 말이다.

/ **2020. 04. 18.**

7

—

상선약수上善若水: 물처럼 유연한 춤의 철학

나는 스킨스쿠버 다이빙을 하러 세부 보홀을 다녀왔다. 물에 대한 두려움과 수영에 대한 미숙함에도 불구하고 바다로 뛰어든 이유는 예술가로서 새로운 감각을 경험하고 내 삶에 변화를 주고 싶다는 열망 때문이었다. 여름 방학부터 시작된 이 여정은 나 자신을 깊이 탐구하고 성장시키는 기회가 되었다.

우리나라에서 다이빙을 가장 잘 가르친다는 선생님께 두 달간의 집중적인 레슨을 받으며, 나는 조금씩 물과 친해지고, 점차 그 흐름에 몸을 맡길 수 있게 되었다.

“수영을 할 줄 모르더라도 누구나 배울 수 있다”는 선생님의 자신감 있는 말과 함께 그녀는 나를 심리적으로 안정시키며 물속에서의 자유를 경험하도록 이끌었다. 다이빙 수트를 입고 스노클링 마스크를 착용한 채 긴 레일을 혼자 왕복하던 첫 순간, 나는 이제 내 인생에 어떤 도전도 두렵지 않다는 자신감을 얻게 되었다.

이 도전은 단지 물에 들어가는 것 뿐만 아니라, 내 삶의 방향을 재조정하는 중요한 계기가 되었다. 내가 물속에서 춤을 추듯 움직이며 다리와 무릎의 힘을 키울 수 있었던 것은 내 예술적 삶에까지 긍정적인 영향을 미쳤다. 그러나 처음부터 모든 것이 순탄했던 것은 아니었다.

나는 다이빙 장비를 착용하고 깊은 바다로 뛰어들어야 하는 고난도 훈련을 앞두고, 물속에 뛰어들 용기가 나질 않아 무거운 산소통을 메고 무려 40분을 서 있기도 했다.

결국, 선생님이 내 등을 밀쳐서 겨우 물속에 뛰어들었다. 처음엔 수영을 못해 물이 무서웠고, 이번에는 장비를 메고 수면 위에서 뛰어드는게 왜이리 무서운지....

선생님은 “이렇게 못하는 사람은 처음 본다”고 했다. 스트레스와 육체적 피로 속에서 포기하고 싶은 순간도 있었지만, 나는 이를 악물고 연습에 매진했다.
이겨내지 않으면 자신에게 지는 것이라 생각했기 때문이다.

처음에는 설렘으로 시작했던 스킨스쿠버 다이빙이 시간이 지날수록 마치 군대에서 받는 강화훈련처럼 느껴질 만큼 긴장감으로 다가왔다. 점점 쌓이는 육체적 피로와 체력 소모는 큰 스트레스로 이어졌고, 나중에는 그만두고 싶다는 생각까지 들었다.

하지만 이대로 포기한다면 결국 자신과의 싸움에서 지게 되는 것이고, 무엇보다 새로운 삶의 변화를 위해 시작한 도전이 실패로 끝나는 건 참을 수 없었다.
그래서 이번 기회에 반드시 극복해보겠다는 마음으로 이를 악물고 끝까지 열심히 해냈다.

그 결과 3M수심으로 내려가기 시작했고, 이퀄라이징(귀 균형)과 호흡을 맞추며 여러 차례 연습한 끝에 보홀에 가서는 30M 수심에 내려가는 기록과 함께 환상적인 바닷속 체험을 하게 되었다. 깊은 바다 속에서 경험한 것은 단순히 아름다운 풍경만이 아니었다. 그곳은 내게 새로운 세계의 존재를

알려주었다.

처음 B.C.D(부력조절기)의 공기를 빼고 천천히 바다 속으로 가라앉을 때, 그 깊이에 압도되어 두려움이 몰려왔다. 그러나 그 두려움은 곧 신비감과 희열로 바뀌었고, 나는 마치 우물 안 개구리처럼 좁은 세상에서 살아왔음을 깨달았다.

그토록 넓고 깊은 세상이 있었음을 몰랐다는 사실에 여러 감정이 교차했다.

스킨스쿠버 다이빙은 내게 단순한 레포츠가 아니었다. 그것은 인생의 철학과 태도를 배우는 소중한 기회였다. 그 체험을 통해 나에게 삶의 태도를 가르쳐주는 철학이었고, 춤의 본질을 다시 생각하게 해준 계기가 되었다.

넓은 바다 속에서 나는 작은 시냇물이 큰 바다와 만나듯, 나 자신의 한계를 넘고 있음을 느꼈다. 물속에서 춤추듯 출렁이는 내 움직임을 돌아보며, 지금까지의 나를 되돌아보고 삶의 영역을 넓혀가라는 메시지를 받은 듯해 깊이 감사한 마음이 들었다.

그래서 스킨스쿠버 다이빙은 나에게 인생의 체험이 되었고, 생명처럼 중요한 장비 덕분에 물이 두려운 사람이나 수영을 못하는 사람들도 충분히 도전할 수 있는 활동임을 깨달았다. 예술의 길을 걷고 있는 나로서도 이 경험은 꼭 누군가에게 권하고 싶은 깊은 울림의 레포츠가 되었다.

이렇듯 인생에는 언제나 좋은 일이나 성공만 있는 것이 아니다.

때로는 넘어지고 흔들리는 순간도 필요하며, 그 안에서 성장과 변화가 시작된다고 생각한다. 삶은 내가 어떻게 선택하고 실천하느냐에 달려 있고, 삶의 방향은 결국 내 의지에 의해 결정된다. 그리고 그러한 의지의 강함을 나는 물의 성품을 통해 배웠다.

공자의 말처럼, '어진 사람은 산을 좋아하고, 지혜로운 사람은 물을 좋아한다(仁者樂山, 智者樂水)'. 산은 고요함을 물은 흐름과 유연함을 상징하며, 이는 인간의 도덕과 성품을 자연에 빗댄 비덕설(比德說)로 해석할 수 있다.

또한『노자』「도덕경」의 '상선약수(上善若水)'라는 말처럼 최고의 선은 물과 같다는 가르침은 나에게 겸손과 유연함을 일깨워 주었다.

물은 가장 낮은 곳에 머물면서도 스스로 낮추고 변화하며 마침내 바다에 이른다.

억지로 흐름을 거스르지 않으며, 어떤 환경에서도 자신의 모습을 유연하게 바꾸어가는 물처럼, 우리도 그렇게 살아야 함을 물은 조용히 말해준다.

물은 부드럽고 유연하지만, 거대한 배를 떠받칠 만큼 강한 힘을 지닌다.

형태는 없지만 어떤 그릇이든 스스로 맞춘다.

그러나 억지로 흐르지 않고, 고요하게 바다로 나아간다.

이러한 물의 철학은 나의 춤, 나의 삶, 나의 예술에 그대로 녹아들었다.

물은 흐르되 거스르지 않고, 스스로 낮아지되 모든 것을 품는다.

그리고 춤도 마찬가지다.

강요된 형태가 아니라 유연한 흐름 속에서 나오는 진실한 움직임이 진짜 춤이라는 걸…

춤은 얼마나 유연해야 하며, 삶은 얼마나 부드러워야 하는가?

그리하여 나는 춤을 물처럼 흐르고 스며드는 '존재의 표현'으로 바라보게 되었다.
이제 나의 춤은 단단함보다는 부드러움을…
완벽함보다는 진정성을 추구한다.

물처럼 춤추는 삶, 그것이야말로 예술가가 가져야 할 태도라는 것을…

'상선약수'와 '비덕설'은 예술가로서의 인품과 예술의 품격을 잇는 가르침으로 내게 큰 울림을 주었다.

물의 섭리처럼 사람의 마음도 맑고 투명해야 진정한 인품에 이를 수 있고, 그런 마음에서야 비로소 최고의 예술이 태어난다고 믿는다.

스킨스쿠버 다이빙을 통해 살아가는 자세와 태도, 가치관과 인생철학을 새롭게 배울 수 있었다.

/ **2019. 01. 11.**

8

몰입러의 삶: 몸과 마음 싱크 맞추기

사람의 마음[心]이란 무엇일까?

도대체 그 마음이 무엇이길래 하루에도 열두 번씩이나 변덕을 부리는 걸까?

아침에 괜히 기분 좋아서 콧노래를 부르다가도 점심쯤엔 누가 무심코 던지는 한마디에 기분이 팍 상하고, 밤엔 또 괜히 감성에 젖어 눈물 찔끔 나기도 한다.

"마음이가 왜 이렇게 오락가락하는 걸까?"

"마음이 내 마음대로 안 되는 이유는 뭘까?"

생각해보면, 하루에도 열두 번씩 왔다 갔다 하는 이 복잡한 감정이 도대체 어디서 시작되는 건지 참 궁금해진다.

사실 마음이란 놈은 늘 우리 안에 있으면서도 정작 잘 모르겠는 존재다.

눈에 보이는 것도 아니고, 손에 잡히는 것도 아니니 때로는 "마음아, 너 지금 어디 있니?" 하고 묻고 싶어진다.

그런데 문득, 내 삶을 돌아보면 내가 가장 나다워졌던 순간, 가장 몰입했던 순간에는 그 마음이 몸을 통해 고스란히 드러났다는 걸 깨닫게 되었다.

예전에 이런 일이 있었다.

공연을 앞두고 연습이 너무 안 풀리는 날, 마음이 산만한 채로 춤을 추다가 스스로도 민망할 정도로 동작이 엉켰다.

그런데 이상하게도 후배는 "그게 더 자연스럽게 다가왔어요"라고 말해주는 것이다.

그 말이 참 의외였지만, 그날 느꼈다. 몸은 거짓말을 하지 않는다는 걸…
그리고 그 몸을 움직이는 건, 다름 아닌 '마음'이라는 걸…

그래서 요즘은 진심으로 이렇게 생각한다.
몸과 마음의 싱크가 맞을 때, 비로소 나다운 삶을 살 수 있다고…

그렇다면, 원래 마음이라는 건 어떤 의미였을까?
『동양적 마음의 탄생』에 따르면, 마음은 인간과 인간, 인간과 자연 사이의 연결 통로로 외부를 수용하고 외부로 나아가는 의식적 연결이자 그것의 활동을 일컫는 말이다.[23)]

마음은 몸속에 있으면서 몸의 다양한 변화에 영향을 받으며, 몸을 거처로 살고 있지만 마음은 몸의 일부가 아니고 따로 분리된 독자적 존재로서 상호 관계하면서 결합하는 실체인 것이다.

왕양명은 대학문(大學問)에서 '무엇을 몸이라고 하는가? 마음의 형체(形體)와 운용(運用)을 말한다. 무엇을 마음이라고 하는가? 몸의 영명한 주재(主宰)를 말한다.'[24)]

왕양명의 심론은 몸과 마음이 따로 분리되어 작용할 수 없듯 몸과 마음은 늘 함께 움직이며, 하나처럼 작동한다는 것을 알려주고 있다.

우리도 그렇다. 화가 나면 몸과 얼굴 표정이 굳어지고, 기분이 좋으면 발걸음이 가볍고, 표정이 풀어지는 거다.

몸과 마음은 따로가 아니라, 늘 교감하고 있는 '공동 작업'의 '팀플레이어'인 셈이다.

특히 나에게 춤이란, 몸과 마음의 싱크가 완벽하게 맞는 결정적인 순간이다.

결국, 우리의 몸과 마음이 하나이듯 인생과 춤, 몸과 마음을 하나로 모으는 삶[몰입]은 중요하다고 본다.

요즘 흔히 "몰입"이라는 말을 자주 쓰지만, 정작 몰입하는 게 뭔지는 잘 모르겠다는 사람도 많다. 나에겐 몰입이란? 딴생각도 계산도 내려놓고 순간에 빠져드는 '멍하지만 선명한 집중'의 상태다.

말하자면, 멍한 듯 선명한 집중…
그 몰입을 가능하게 한 건 늘 춤이었다.

머리로만 사는 것이 아니라, 몸으로 '삶을 살아내는' 시간…
생각이 몸으로 옮겨가고, 몸이 다시 감정을 되살리는 그 복잡하면서도 단순한 연결의 순간…

우리는 살아가며 수많은 '심(心)'과 마주친다. 질투심, 불안감, 자책감, 욕심…
하지만 동시에 양심, 자비심, 감사함도 있다.
그 중 어떤 마음을 선택하고 키우느냐에 따라 삶의 방향이 바뀌는 것 같다.

가장 몰입했던 순간을 떠올려보면,

'잘해야지'라는 마음보다 '그냥 하고 싶어서' 움직였던 순간들이 떠오른다. 그때 나는 살아있었고, 나였고, 자유로웠다.

요즘은 생각한다.

몸과 마음을 하나로 모으는 삶이야말로 단순하지만 가장 오래갈 수 있는 길이라는 걸 깨닫고 있다.

복잡한 걸 너무 많이 붙잡지 말고, 심플한 삶 속에서 진짜 중요한 것에 몰입해보자.

그러면 나 자신도 내 인생도 훨씬 더 단단해지고 견고해질 것이다.

그리고 그 중심엔 늘 춤추는 나의 몸과 마음, '나답게 살아가는 나'가 있을 것이다.

/ **2021. 08. 20.**

4부 | 춤, 인생을 스치다

1

—

무브먼트 = 라이프스타일

나도 모르게 “어떻게 사는 것이 좋은 삶일까?”라는 자문(自問)하게 된다. 아마 많은 사람들도 이와 같은 질문에 대해 고민하며 나름의 삶의 기준을 설정하려 애쓰고 있을 것이다. 시도하며 살아가는 삶, 정답이 없는 인생 속에서 더 나은 삶을 살기 위해 우리는 끊임없이 노력하고 있다.

그러나 그 과정에서 우리는 삶의 실체와 본질에 대해 어떤 깨달음을 얻게 될까?

이렇게 시도하며 죽음에 이르기까지 나은 삶을 살아가려고 사는 것이 삶의 실체인지? 인간의 신념은 절대적으로 옳을 수 없기에 죽음이 오기 전까지는 자신의 진정한 모습을 완전히 알 수 없다고 한다. 이는 마치 보이는 것이 전부가 아니듯, 우리가 믿는 진실 역시 한정적일 수 있음을 암시해 주고 있다.

이것은 보이는 것만이 전부가 아니고 보이는 것이 전부 진실이 아니듯 우리는 옳은 소리면 다 옳은 소리인줄 착각하고 사는 경우가 많은 것 같다. 더 나아가, 우리는 “너는 나를 모르지만 나는 너를 알고 있다”는 비대칭적 착각 속에서 남을 쉽게 판단하고, 자신의 결정을 절대적으로 여기며 살아간다. 이러한 착각과 자기중심적 판단은 삶의 갈등과 혼란을 더욱 심화시키기도 한다.

하지만 많은 사람들이 과거와 미래에 얽매인 채, 현재를 놓치는 실수를 범한다. 나 역시 지나간 과거를 후회하고, 오지 않은 미래를 걱정하며 현재의 중요한 순간들을 흘려보내곤 했다.

마치 무속인의 말에 매달리는 사람들처럼 나도 때때로 점괘에 의지하며 갈등과 불안을 해소하려 했지만 그것은 늘 과거와 불확실한 미래에 대한 이야기뿐이었다. 정작 내가 마주해야 할 현실에 대한 대안은 어디에도 없었다.

결국, 인생은 자신이 직접 헤쳐 나가야 하는 것이다. 다른 사람이 대신 살아줄 수 없고, 점괘나 예언이 내 삶을 만들어주지도 않는다. "점괘가 좋다"는 말만 믿고 아무런 노력 없이 인생이 원하는 대로 흘러간다면 얼마나 좋겠는가?

하지만 현실은 그렇게 단순하지 않다. 삶의 결과는 내가 얼마나 노력하느냐, 내가 내 역할을 얼마나 충실히 해내느냐에 달려있는 것 같다.

우리는 종종 잘못 형성된 신념과 가치관으로 인해 잘못된 판단을 내리고, 부정적인 생각의 그물망에 스스로를 가두게 된다. 이러한 신념은 부정적인 판단과 논리적 모순을 만들어내며, 문제를 해결하기는커녕 현실을 더욱 비판적으로 바라보게 만든다.

생각이 꼬리에 꼬리를 물며 얽히기 시작하면, 어느 순간부터는 그 생각 자체에 지쳐버리게 된다. 문제를 해결하려는 에너지보다는 점점 피로와 무력감에 빠지고, 결국에는 대안을 찾기보다는 침묵하거나 회피하게 되는 경우가 많다.

특히, 예체능계열에서는 개인의 표현이 중요한 만큼 사람들과의 관계에서도 감정의 온도차나 미묘한 기류에 더 민감해질 수밖에 없다.

작업을 함께해야 하는 상황에서 생기는 긴장감, 평가와 비교에서 오는 부담감 그리고 말로 표현하기 어려운 감정의 충돌들이 쌓이면 관계 자체가 부담으로 느껴지기도 한다.

이런 상황이 반복되면 스스로를 보호하기 위해 점점 더 내면으로 숨게 되고, 결국 고립감이나 감정 소진으로 이어지게 된다.

예체능계는 위계질서와 차별이 명확한 수직구조를 가지고 있다. 그 안에서 나는 항상 경쟁자와 윗사람을 바라보며 살아왔고, 이를 통해 지피지기(知彼知己)라는 말의 중요성을 배웠다. 그러나 이제는 지기지피(知己知彼) 즉, 나 자신을 먼저 정확히 알고, 그 다음에 타인을 이해하는 것이 더 중요하다고 생각한다.

나의 본질을 이해하지 못한다면 진정한 나다운 삶을 살아갈 수 없기 때문이다.

그리고 이제는 알 것 같다. 살아가다 보면 내 생각이 틀릴 수 있음을 인정해야 하고, 변화도 아픔도 삶의 일부로 받아들일 줄 알아야 한다는 걸 말이다.

세상은 내가 아는 만큼 보이고, 보이는 만큼 느껴진다. 그러다 보면 욕심도 커지고, 그만큼 마음이 아픈 일도 많아진다.

하지만 세상이 계속 바뀌듯 우리도 그 변화에 맞춰 마음을 조율하며 살아가야 하지 않을까? 그래서 때로는 아픈 것도 흔들리는 것도 어쩌면 '살아있다는 증거'일지 모른다.

그러나 욕망은 단지 고통을 불러오는 감정이 아니라 아직 가보지 못한 또 다른 세계를 향한 여정의 시작이기도 하다. 나는 그 욕망이 남긴 아픔을 외면하지 않고, 그것을 성숙의 디딤돌로 삼고 싶다.

왜냐하면 아픔을 견딘 자만이 더 깊이 있는 삶을 마주할 수 있으니까…

진정한 삶은 아픔이라는 관문을 통과한 이후에야 비로소 선명하게 드러난다. 힘들고 외로울 때 곁을 지켜주는 친구가 진정한 친구이듯 춤 또한 아픔을 지나야 진정한 울림과 감동을 전할 수 있다.

그래서 나는 아직도 아플 수 있다는 사실에 감사한다.
아직 살아있고, 느끼고 있고, 성장하고 있다는 증거이기 때문이다.
나는 춤을 인생으로 살아내고, 인생을 춤으로 느낀다.
끊임없이 나 자신과 마주하고, 나의 내면을 사유하게 하는 이 성찰의 시간은 결국 나를 더 깊은 깨달음으로 이끈다.

그렇다면 또 다른 나를 어떻게 찾을 것인가?
내가 누구인지 알아야 나다운 삶을 살아갈 수 있지 않을까?
나 자신을 깊이 이해하고자 나는 춤과 함께하는 삶을 선택했다.

춤은 나에게 자유로움과 열정, 설렘과 기쁨을 안겨주었고, 그런 순간들이 모여 지금의 나를 만들었다. 그래서 나는 말하고 싶다.

앞으로도 지금처럼, 춤과 함께 살아가겠노라고…

결국, 삶은 하나의 '움직임'이다.

생각의 움직임, 감정의 흐름, 몸의 떨림, 관계 속 거리감의 리듬까지…

우리가 살아가는 모든 순간은 '무브먼트(movement)'의 연속이며, 그 움직임을 어떻게 받아들이고, 어떻게 표현하느냐에 따라 삶의 질과 깊이가 달라진다. 무브먼트는 곧 라이프 스타일이다. 움직임이 멈추면 삶도 정체된다.

나는 춤을 통해 나의 내면을 깨우고, 삶이라는 커다란 무대 위에서 나만의 리듬으로 살아가는 법을 배웠다. 무브먼트는 단지 춤을 추는 행위가 아니라, 자신을 들여다보고, 세상을 수용하고, 끊임없이 변화하며 나아가는 태도이다. 그 유연하고도 강인한 흐름 속에서 나는 오늘도 춤추듯 살아간다.

나에게 '춤'은 더 이상 하나의 장르나 직업이 아니다.

그것은 나의 사유이고, 감정이고, 살아가는 방식이다.

움직임이 곧 나의 삶이고, 그 삶은 매일같이 새로운 무브먼트를 만들어내는 과정이다.

그러므로 나는 말하고 싶다.

나의 라이프스타일은 곧, 무브먼트다.

움직이며 살아가는 나의 삶은 춤이고, 예술이며, 존재 그 자체다.

/ **2021. 02. 19.**

2

—

인생은 직선이 아냐, 곡선이다

새해가 밝자마자 '다음'이란 이름의 괴물이 내 마음을 압박한다. 달력을 넘기며 다짐부터 세게 박아본다.

"올해는 반드시! 새로운 기획도 하고, 책도 쓰고, 더 성숙해져야지!"

하지만 문득 거울을 보니, 눈가의 주름도 한 줄 더 늘었다.

나이를 먹을수록 왜 이렇게 마음이 조급해지는 걸까?

"이번엔 뭘 해야 하지?" "잘 해낼 수 있을까?"

"또 다른 변화를 보여줘야 하나?"

머릿속은 이미 해야 할 일들로 빼곡하다. 그 와중에 처음 해보는 일에 대한 두려움, 완벽주의의 덫은 나를 한참을 제자리에서 맴돌게 한다.

그렇다. 이것이 바로 '노력의 잠복기'인가?

겉보기엔 멈춘 것 같지만, 속으로는 이미 물밑에서 발을 바쁘게 움직이는 오리처럼 끊임없이 생각하고 있는 중이다.

그러면서 오늘도 나는 완벽이라는 환상과 씨름 중이다.

새해가 되면 늘 마음 한구석엔 "작년의 부족함을 이번엔 좀 더 보완해야 해"라는 목소리가 고개를 드는 것 같다.

특히 책을 쓰겠다는 다짐이 머릿속을 떠나지 않는다.

"이건 꼭 의미 있게 써야지."

"독자에게 어떻게 감동을 주지?"

“내용, 구성, 춤, 삶, 철학 다 완벽하게 정리해야 하는데…”

그러나 완벽을 향한 욕심은 때로는 나를 한 발짝도 떼지 못하게 만든다. 시작도 못한 글 앞에서 머리만 복잡해지고 마음은 이미 지쳐 있다. 마치 아직 열리지도 않은 무대 커튼 앞에서 숨부터 가빠지는 느낌이다. 그럴 때마다 나는 스스로에게 이렇게 말해본다.

“곡선처럼, 돌아가도 괜찮아. 지금의 멈춤도 리듬이고, 머뭇거림도 창작의 일부야.” 실은 ‘잘하고 싶은 마음’보다 더 무서운 건, ‘실수하면 안 된다는 강박’이다.

그러나 실수도 우회도 느림도 모두 자기 발전의 과정이다. 그 완벽하지 않은 순간들이 쌓여 결국 나만의 진짜 이야기가 만들어진다는 걸 이제는 조금 알 것 같다.

결국, 중요한 건 ‘멈춤’이 아니라 ‘가고 있음’이다. 이왕 달릴 거라면 방향도 살피고 나 자신도 돌아보며 가는 게 더 현명하지 않을까?

“올해는 직선 말고 곡선으로 살아보자!”

과연 나의 최종 도착지는 어디일까? 모든 사람들이 자신의 미래에 대해 궁금해하는 사유일 것이다. 법문스님의 말씀 중 ‘직선보다는 곡선에서 삶의 지혜를 배워야 한다’는 구절이 떠올랐다.

"출발 지점에서 종점까지 뻔히 보이는 그런 길이 있다면 어떻게 될까요? 만약 그런 길이 있다면 질려서 운전하는 맛이 없을 겁니다. 졸리거나 사고 나기 마련입니다."

그러고 보니 내 인생과 춤도 그동안은 꽤나 직진본능에 충실했다.
계획표는 분 단위로 짜여 있었고, 목표는 정확히 설정되었으며, 항상 "앞으로! 앞으로!"를 외쳤다.

하지만 어느 날 문득 깨달았다.
"내가 지금 걷고 있는 길, 너무 빳빳한 건 아닐까?"
자연도 춤도 그리고 우리 몸의 선도 사실은 다 곡선이다.

곡선은 돌아가기도 하고, 휘어지기도 하며, 때로는 멈췄다가 다시 흐르기도 한다. 예측할 수 없는 굴곡이야말로 삶의 리듬이고, 그것이 바로 인생이라는 춤의 묘미인 것 같다.

사실 난 30, 40대 내내 "이게 맞는 길이야!"라는 생각으로 직선 위를 달렸다. 하지만 돌이켜보면, 때로는 길을 잃고 헤매기도 했고, 가까운 길이 있음에도 먼 길로 돌아가며 더 많은 것을 보고 느낀 것 같다. 그리고 그 여정이야말로 지금의 나를 만든 힘이 되었다.

예를 들어, 연습 중 무릎에 물이 차서 제대로 걸음을 딛지 못하는 날, 난 이렇게 생각했다.
"아, 이제 끝이구나."

하지만 그 시간을 통해 나는 '움직이지 않아도 전해지는 감정'을 느끼며 돌고 돌아 결국 더 깊은 깨달음을 주었던 시간들…

그게 바로 곡선의 삶이 아닌가 싶다.

그러니 지금 이 순간, 즐길 수 있을 때 열심히 즐겨봐야 하지 않을까?

삶은 언제나 지금 이 순간에 존재하는 법이니까…

특히, 형태가 고정되지 않은 한국춤처럼 인생도 정해진 틀이 없다면 더욱 유연하게 흐를 수 있지 않을까?

순간순간 창조되고, 그 즉시 사라지는 춤의 운명처럼 나 역시 무대 위의 한 장면처럼 가볍고 깊이 있게 앞으로는 새처럼 하늘을 자유롭게 날아보고 싶다는 생각이 들었다.

장자의 철학은 이러한 곡선의 인생을 누구보다 잘 설명해주는 듯 하다.

장자의 「소요유(逍遙遊)」에서는 커다란 물고기 '곤'이 하늘을 나는 새 '붕'이 되어 자유롭게 세상을 노닐게 된다. 이 장면은 곧, '세상의 관점에서 벗어난 자유', '자기 존재의 확장'을 의미한다.

곡선의 삶은 바로 이런 것이다. 반드시 빠르게 도착하지 않아도 그 여정에서 얻는 사유와 감각, 멈춤 속의 성장이 있는 것이다.

장자의 「제물론(齊物論)」처럼 나비가 되는 꿈을 꾸는 변화의 흐름 속에서 우리는 어느 순간 '나'라는 틀을 벗고 더 넓은 존재로 나아갈 수 있다.

결국, 자신을 비울 때 진짜 앎이 들어온다. 춤도 마찬가지다. 욕심을 버리고, 스스로를 내려놓을 때 가장 아름다운 선율이 몸에서 자연스레 피어난다.

새해에는 곡선처럼 여유롭게 그리고 유연하게 이제는 내 삶과 춤을 직선처럼 밀어붙이기보다 곡선처럼 유연하고 탄력 있게 살아보고 싶다.

삶은 계획대로만 흘러가지 않고, 계획이 무너질 때야말로 더 나은 길이 열릴 수 있다는 걸 조금씩 알아가는 것 같다.

나는 오늘도 내 안의 춤을 통해, 내 안의 곡선을 발견하고 있다.

올해도 그렇게, 자연의 흐름을 따라 나를 비우고 다시 채우며 살아가고자 한다.

그러다 보면, 어느 날 내가 찾아 헤매던 '큰 앎'도 문득 다가오지 않을까?

직선의 강박에서 벗어나 곡선의 여백 속에서 춤추듯 살아가는 삶 속에서 말이다.

그리고 책을 쓴다는 것도 사실은 나를 증명하기 위한 일이 아니라 한 사람의 삶을 통해 또 다른 누군가가 위로를 받고, 자신만의 곡선을 그릴 수 있도록 작은 등불을 건네는 일일지도 모른다.

그러니 나는 올해도 조급함을 잠시 내려놓고 '꼭 이뤄야 한다'는 강박 대신 '천천히, 나답게'라는 마음으로 하루하루를 걸어가고자 한다.

그것이 바로 내가 살아가고 싶은 '예술 같은 인생'이며, 오늘도 나를 리셋하게 하는 이유다.

/ **2024. 02. 23**

3

—

내 삶을 예술로 리셋하다

Reset Life With Dance

내가 춤을 추려는 이유는 인간의 내면 깊숙이 자리한 순수한 감정을 몸짓으로 꺼내어 사람들과 나누고 싶기 때문이다. 그래서 오래도록 춤공부하는 일은 내게 있어 인생을 배우고, 삶의 본질에 다가가는 여정이었다. 나는 그 본질을 잃지 않기 위해 춤을 공부하고 또 공부해왔다.

대부분의 무용 전공자들이 실기 중심의 교육만으로 자신의 길을 다졌다면, 나는 조금 다른 길을 걸었다. 무용과 체육, 예술철학을 공부하며 춤을 단순한 기능이 아닌 사유의 도구로 받아들였다. 이처럼 다양한 분야와의 통섭은 춤을 보다 깊이 이해하고, 나와 전혀 다른 전공의 사람들과도 교감할 수 있는 통로가 되었다.

춤은 나만의 것이 아니라, 세상과 이어진 예술이다. 그래서 나는 춤을 삶과 연결하고, 다른 예술 장르 및 철학과 융합하며 그 경계를 확장하려는 시도를 꾸준히 해왔다. 삶을 춤으로 바라보는 나의 철학은 나를 더욱 자유롭고 깊은 세계로 이끌어주었다.

그러나 이러한 내 접근 방식은 때로는 비판과 도전을 받곤 했다. 무용계는 여전히 정형화된 기준 안에서만 진정성을 논한다. 일부 사람들은 나에게 묻는다.

"왜 춤만 추지 않고 다른 걸 함께 하느냐?"
"그게 과연 춤꾼다운 길인가?"

하지만 나는 믿는다.

춤은 다양한 분야와의 연결 속에서 그 깊이를 더하고, 진정한 자유와 창조성을 발현할 수 있다고…

우리나라 무용계는 여전히 구시대적 도제식 교육방식에 머무르고 있다. 무용을 가르치는 구조는 상명하복(上命下服)의 위계질서에 갇혀 있으며, 선후배 관계의 불균형은 자유로운 표현과 창조적 발화를 막고 있다.

이로 인해 무용학과 커리큘럼은 수십 년째 제자리걸음이다. 시대와 예술이 변해도 교육방식은 바뀌지 않는다. 대학 수업은 여전히 실기 위주에 머물고, 비판적 사고를 길러주는 이론 수업은 소홀히 다뤄지고 있다.

뿐만 아니라, 무용계 내부의 부조리 역시 문제다. 공연 배정, 진급, 심사 등에서 공정성과 투명성이 결여된 사례들이 비일비재하다. 권력과 친분에 기대어 기회가 배분되는 구조는 젊은 예술가들의 열정과 창의력을 꺾고, 결국 무용을 기술로만 소비하게 만드는 것 같다. 이런 환경 속에서 누가 자신만의 춤을 자유롭게 출 수 있겠는가?

따라서 이러한 현실 속에서 학생들은 ‘자기만의 춤’을 발견하고 펼치기보다는 이미 정해진 틀 안에서 ‘보여주기 위한 춤’을 연습하는 데 익숙해진다.

타인의 눈에 들기 위해 교수님의 평가에 맞추기 위해 관행적으로 구성된 포인트만을 채우며 자신의 움직임을 ‘점수화’하는 데 집중하게 되는 것이다.

그 과정에서 진심은 점점 사라지고, 움직임은 기능적인 동작으로 환원된다. 창의성은 ‘위험한 시도’로 여겨지고, 기존의 틀을 벗어나려는 노력은 ‘무모함'으로 간주된다.

결국, 무용교육의 본질이 되어야 할 '자기표현'과 '예술적 자율성'은 뒷전으로 밀리고, 학생들은 정답만을 찾는 수험생처럼 춤을 배워가고 있는 셈이다.

이러한 구조 속에서 우리는 묻지 않을 수 없다.
과연 지금의 무용교육은 학생들에게 진짜 춤을 가르치고 있는가?
그들의 감정과 삶을 움직임으로 표현하게 도와주고 있는가?
아니면 그저 또 다른 '기능자'를 길러내는 제도적 시스템에 머무르고 있는 것은 아닌가?

진정한 춤꾼은 테크닉이 아닌, 자기다운 이야기와 감정 그리고 사유를 몸으로 풀어내는 사람이다.
그런 춤꾼을 길러내기 위해서는 교육의 본질부터 다시 물어야 한다.
춤은 무엇을 위한 것인가?
그리고 우리는 그 춤을 누구에게 어떤 방식으로 가르치고 있는가?

현재의 무용교육 시스템은 학생 개개인의 개성과 창의성을 살리기보다 기존의 체계에 길들이려는 경향이 강하다. 대다수 대학의 커리큘럼은 형식적인 실기 중심으로 고정되어 있고, 학문 간 융합이나 창작 기반 교육은 여전히 부족하다.

표현의 자유보다는 순응과 모방이 우선시되며, 실력보다 관계가 더 중요시되는 문화가 깊게 뿌리내려 있다.

나는 이러한 현실을 외면하지 않고, 문제를 직시하고 싶다. 제도적 구조 속에서 진짜 춤꾼들이 묻히지 않도록 춤의 본질을 잃지 않고 자신만의 색을 지킬 수 있도록 끊임없이 질문하고 도전해야 한다고 생각한다.

신이 우리에게 준 단 하나의 숙제가 있다면 그것은 나 자신으로 살아가는 것이다. 세속적 성공과 기준에 휘둘리는 것이 아닌 나만의 고유한 색깔과 정체성을 지키며 살아가는 것. 그것이야말로 예술가의 삶이라고 나는 믿는다.

나는 더 이상 외부의 시선과 평가에 흔들리는 춤꾼이 아니다.

이제는 스스로의 가치를 내면에서 찾고, 그 진실한 움직임으로 세상과 소통하고 싶은 인간으로 살아가고자 한다. 왜냐하면 춤은 나의 내면을 비추고 삶을 꿰뚫는 철학이며, 존재 방식 그 자체이기 때문이다.

그래서 나는 춤을 단지 '보여주는 예술'로만 여기지 않는다.

무대 위에서 몇 분간 아름답게 보이는 완성된 장면보다 그 하루하루를 준비하며 호흡을 맞추고, 실수와 좌절도 해보고, 때로는 눈물 섞인 웃음을 사람들과 나누는 그 과정속에 더 깊은 예술의 본질이 숨어 있다고 믿는다.

내가 생각하는 춤은 결과가 아니라 끊임없이 나를 찾고, 나를 내려놓는 과정의 연속이다. 내 안에 자리 잡은 고정관념, 타인의 기준에서 비롯된 기대감, 완벽해야 한다는 강박에서 점점 자유로워질수록 비로소 '나다운 춤'이 시작되는 것 같다.

그리고 이 춤은 단지 나 혼자만의 것이 아니라, 춤을 사랑하는 사람들과 그리고 이 시대를 살아가는 많은 이들과 감정과 언어를 나누는 공감의 매개체가 되어야 한다고 믿는다.

나는 늘 바란다.

누군가에게는 "너도 충분히 괜찮아"라고 속삭여 주는 따뜻한 위로가 되기를…

그래서 오늘도 또 배운다.

매일의 배움이 나에게 또 다른 리셋이고, 매 움직임이 나를 새롭게 세우는 길이 되기 때문이다.

조금 더 '나다운' 모습으로 조금 더 '사람다운' 춤꾼이 되기 위해…

이러한 의미에서 삶의 내적 성숙과 조화를 강조하며 나이대마다 삶의 진리를 깨닫는 과정을 설명했던 공자의 말씀이 떠올랐다.

공자는 40(不惑)에 자신의 생각에 확신과 실천력이 강해서 다른 사람의 말에 흔들리지 않으며, 50(知天命)이 되어서는 삶을 알게 되고, 60(耳順)이 되어서 삶의 원리에 순종하며, 70(不踰矩)에는 마음대로 살아도 그 삶이 법도에 어긋나지 않았다고 했다.

공자가 40세(不惑)에 "미혹되지 않는다"고 한 것은 삶의 본질과 방향에 대한 명확한 확신과 실천력을 의미하듯 춤에서도 오랜 수련을 통해 자신만의 언어를 발견하고, 다른 사람의 기준이나 외부의 평가에 흔들리지 않는 단계에 이를 수 있다고 본다.

예를 들어, 나는 어느 순간부터 타인의 눈보다 '내가 왜 이 춤을 추고 있는가?'라는 본질적인 물음에 집중하게 되었다. 누군가의 인정이나 무대 위 박수가 아닌, 내가 내 춤에 고개를 끄덕일 수 있는지 그것이 내가 무용가로서 살아가는 힘이 되었다.

이처럼 춤은 삶의 본질에 대한 메시지를 전달하는 수단이듯 내면세계를 이해하고 자신만의 철학을 확립한 상태를 "불혹"에 비유해 본다.

이를테면 예전엔 새로운 작품을 준비하면서도 "이건 평가자 눈엔 어떻게 보일까?"라는 생각이 머리를 떠나지 않았다. 하지만 이제는 "이 작품이 내 진심을 담고 있는가?"라는 질문이 더 중요해졌다. 이 마음의 전환이 바로 지천명(知天命)을 향해 가는 나만의 발걸음이 아닐까 싶다.

50세의 "지천명(知天命)"은 하늘의 뜻을 깨닫는 단계로 자신의 한계를 인정하고, 자신의 삶의 목적과 운명을 받아들이는 지혜를 말한다. 춤에서도 자신의 한계를 인정하면서도 그것을 초월하려는 노력이 춤에 깊이를 더해주듯 이 단계에서는 자신과 세상을 이해하고 화합하는 방식으로 변화를 주는 삶이라 생각한다.

60세의 "이순(耳順)"은 타인의 말을 자연스럽게 받아들이며, 삶의 원리를 조화롭게 이해하는 시기이다. 이 단계의 춤은 독창성을 유지하면서도 관객과의 공감을 이루며, 춤추는 이와 보는 이에게 감동을 전하며, 춤에서는 다른 예술 장르나 문화, 타인의 감정을 조화롭게 받아들이고 그것을 자신의 춤에 녹여내는 경지에 이를 수 있을 것이다.

70세의 "불유구(不踰矩)"는 마음껏 행동해도 도리에 어긋나지 않는 상태를 뜻한다. 춤에서는 이미 완전히 자유로우면서도 그 자유가 규칙을 초월하지 않는 자연스러운 경지에 도달한 모습을 의미할 수 있을 것이다.

이는 춤이 더 이상 외부의 기술적 평가나 도덕적 기준에 의해 정의되지 않고, 춤추는 이의 존재 자체가 춤의 아름다움이 되는 상태일 것이다.

이처럼 오래도록 춤을 추면 알게 되고, 알면 보이지 않는 춤의 내면세계와 정신세계까지 보인다는 의미로 해석해도 되는 것인가?

미국의 작가 데니스 웨이틀리는 "승자의 조건은 소질이 아니라 태도다.

진실한 태도는 그 자체로 가장 강력한 성공의 잣대다"라고 말했다.

이 말처럼 진정한 춤꾼은 자신의 이름이 실력과 진심을 겸비한 하나의 브랜드가 될 때, 인맥을 좇지 않아도 만날 인연은 자연스럽게 다가오고, 머물 사람은 제자리를 찾아오게 마련이다.

다시 말해, 실력과 진정성을 갖춘 이름은 저절로 사람을 끌어당기는 힘이 있고, 그 힘은 외적인 성공보다 더 오래 지속된다.

결국, 삶의 아름다움을 발견하게 해주는 진짜 힘은 유명세보다는 사람됨에 있다.

무용가라는 타이틀보다 중요한 것은 작고 사소한 일상 속 여백을 소중히 여기고, 인간의 본질을 끝없이 탐구하려는 그 사람의 진면목이 아닐까?

/ **2020. 11. 20**

4

어머니의 향기, 내 삶을 스치다

2020년 06월 18일 새벽 어머니가 돌아가신 날…

내 작은 세계는 조용히 무너졌다.

그날 이후, 나는 어머니를 마음속에 품은 채 하루하루를 살아가고 있다.

살아가면서 깨달은 건 인생은 기쁨보다 고통이 축복보다 이별이 더 깊고 오래 가슴에 남는다는 사실이었다.

따뜻한 손길로 내 어깨를 토닥이며 환한 미소로 위로해 주던 분, 삶의 무게에 짓눌릴 때 가장 먼저 떠오르는 그 이름, 눈물겹도록 그리운 그 존재는 바로 '어머니'였다.

항상 곁에 계실 것만 같던 어머니가 어느 날 갑자기 예고도 없이 하늘나라로 떠나가셨다. 이제는 부를 수조차 없는 이름이 되어버렸다.

작년부터 어머니께선 위기의 순간들을 자주 맞이하셨다.

약물 부작용으로 갑자기 응급실에 실려 가시기도 하고, 지주막하 출혈로 큰 뇌수술을 받으셨던 그 시간들…

돌이켜보면, 어머니의 인생은 평탄한 날보다 아프고 힘든 시간이 더 많았다.

어머니께서 떠나시던 날, 나는 남편과 함께 어머니랑 아버지와 점심을 먹었다. 식사 후 과일과 옥수수를 맛있게 드시던 모습이 지금도 눈에 선하다.

"잘 가렴, 네 또 올게요" 하고 손을 흔들고 돌아섰던 나…

그 후 불과 세 시간 만에 들려온 부고 소식은 믿을 수 없는 충격이었다.

차라리 악몽이었기를 바랐다. 눈물이 터지고, 숨이 막혔다.

전화기 너머에 언니들의 통곡이 내 귓가를 찢었다.

연습실 한가운데에 털썩 주저앉아 엉엉 울었다.

아직 내 손에 어머니의 온기가 남아 있는데, 어떻게 이런 일이 벌어질 수 있단 말인가?

대리기사를 불러 간신히 병원에 도착했을 때, 의사선생님은 차갑게 말했다.

“이미 뇌사 상태입니다. 모든 장기가 손상되었습니다.

단 1%의 가능성만 남아 있습니다.”

가족들은 그 1%에 모든 희망을 걸었다.

그러나 어머니는 끝내 우리 곁으로 돌아오지 못했다.

그 강인했던 생이, 이렇게 어느 날 문득 끝나버릴 줄은 정말 몰랐다.

자책했다.

그날, 연습실에 가지 않고 어머니 곁에 있었다면 어땠을까?

119구급차가 더 빨리 도착했더라면 종합병원에 심폐소생술 기계가 준비되어 있었다면, 혹시 결과가 달라질 수 있었을까?

무너지는 가슴을 부여잡고 수없이 후회했다.

떠나시기 일주일 전, 평소에 전화를 자주 하지 않으셨던 어머니께서 뜻밖에도 전화를 주셨다.

"용희야, 보고 싶어. 우리 막내딸…"

어머니는 늘 조용히 사랑을 표현하시던 분이었기에 그날의 다정한 목소리는 더욱 가슴에 남았다.

"엄마 목소리 들으니 나도 너무 보고 싶어요."

그때 빨리 찾아뵀어야 했는데… 조금이라도 더 오래 함께했어야 했는데…

왠지 모르게 아버지는 어머니를 위해 새 옷과 과일을 자주 사들이셨다.

새 옷만 일곱 벌… 그러나 어머니는 한 번도 제대로 입어보지 못하고 떠나셨다.

아버지의 그 애틋했던 사랑이 이젠 너무 늦은 슬픔이 되어 아버지를 짓누르고 있다.

어느새 28일이 지났다.

아버지는 야위고 말수도 줄었다.

양평의 어머니 묘소를 찾아가는 길…

말없이 아버지의 등을 바라보며 나는 아버지와 함께 눈물로 마음을 나눈다.

'부모님께 효도하라. 나중에 후회한다'는 말…

나는 후회하지 않겠다고 다짐했지만, 어머니를 잃고 나니 그 다짐조차도 헛헛하게 무너진다.

조금 더 자주 찾아뵐걸…

조금 더 많이 웃게 해드릴걸…

조금 더 오래 손을 잡아드릴걸…

꽃구경, 단풍구경 다니며 맛있는 거 더 많이 사드렸어야 하는데…

뒤늦은 후회와 아쉬움은 밤마다 베개를 적시며, 울다가 잠이 드는 날들을 만들었다.

4남매를 키우시느라 온갖 고생을 하시고, 단 한 번도 편히 누리지 못한 어머니…

이제는 당신의 따뜻한 품도, 정성 어린 미역국과 계란찜도 더 이상 만날 수 없다.

어머니의 생전 사진을 보며, 나는 허(虛)와 무(無)를 생각한다.

"비움의 철학"

모든 소유가 결국 무로 돌아간다는 것…

어머니는 부와 명예가 아닌 사랑과 헌신으로 우리 곁에 존재해주셨다.

그 소중했던 가르침을 이제야 깨닫는다.

나는 앞으로 쓸모없는 소유가 아니라 쓸모 있는 나눔을 실천하며,

감사하고 겸손한 마음으로 살아가려 한다.

보고 싶은 어머니 사랑하고 존경합니다.
당신의 향기를 가슴 깊이 품고,
오늘도 조용히 그러나 단단히 걸어가겠습니다.

/ **2020. 7. 17**

5

즐기는 자가 이긴다 #인생엔_리듬필수

지난 4월 27일, 서울돈화문국악당에서 열린 개인 공연 <봄꽃>은 나에게 단순한 춤 이상의 의미를 지닌 무대였다. 이 공연은 어머니의 추모 1주기를 맞아 준비한 헌정의 자리로 어머니와 함께 했던 가족과의 소중한 추억들을 다시금 떠올리며 온 마음을 다해 준비한 공연이었다. 무대에 서는 내내 그리운 어머니의 모습과 함께한 시간이 머릿속을 떠나지 않았다. 이는 내 삶의 기억과 애틋함을 담아내는 특별한 순간이었다.

'봄꽃' 공연에서 선보인 작품은 조갑녀류 승무, 김수악류 교방굿거리춤, 그리고 김경란류 애린(哀鱗) 살풀이였다. 각각의 춤은 춤꾼으로서의 여정과 어머니를 향한 애틋한 마음을 고스란히 담아냈다.

첫 번째로 추었던 승무는 춤에 대한 초심을 상징했다. 승무를 추면서 춤을 처음 배울 때의 설렘과 겸손함 그리고 배움에 대한 열정을 다시금 떠올렸다. 북소리에 맞추어 몸을 움직일 때마다 자신을 낮추고, 춤에 집중하고자 노력했다. 초심을 잃지 않으려는 다짐은 무대 위에서 더욱 절실해졌다.

이어진 교방굿거리춤은 봄날의 생명력을 표현한 춤이다. 싱그러운 봄날의 바람과 출렁이는 파도의 리듬을 담아낸 이 춤에서는 춤사위 하나하나가 마음의 결을 따라 자연스럽게 흐르게 했다. 자연의 생명력과 연결된 춤은 내 마음을 푸르게 물들였고, 관객들에게도 그러한 생동감을 전달하고자 했다.

마지막으로 추었던 살풀이 애린(哀鱗)은 어머니를 향한 애도와 추억의 표현이었다. 어머니의 부재는 나에게 슬픈 꽃과 같았다. 어머니는 보고 싶어도 다시 볼 수 없는 꽃이 되었지만 그리움은 춤으로 표현할 수 있었다.

나는 살풀이를 통해 꽃이 지기 직전의 완성된 아름다움과 꽃잎이 떨어지는 허무함을 담아내고자 했다. 땅에 떨어진 꽃잎이 거름이 되어 다시 피어나듯 어머니에 대한 기억 또한 내 춤 속에서 새로운 생명으로 되살아나기를 바라는 마음이었다.

살풀이 연습을 할 때마다 어머니 생각이 어찌나 많이 나던지...
그리움에 마음이 복받쳐 울컥해진 순간들이 한 두번이 아니었다.
특히, 어머니가 돌아가신 후 살풀이춤을 출 때 끝내 감정을 참지 못했다.

'반야용선, 천도, 연꽃사위' 같은 제의적 춤사위를 연습하면서 눈물이 멈추지 않았던 적도 있었다. 이처럼 살풀이춤을 출 때면 내 마음 깊은 곳에 묻어두었던 감정이 하나씩 피어오른다.

그래서인지 살풀이춤은 삶의 애환을 풀어내는 춤이며, 슬픔과 그리움을 온전히 몸으로 표현하는 춤인 것 같다. 많은 이들이 살풀이춤을 보고 슬픔이 서려 있다고 말하지만 그것은 슬픔뿐 아니라, 마음속 깊이 쌓인 감정을 흘려보내는 과정이기도 하다.

살풀이춤은 천을 드는 손의 각도부터 천천히 뿌리는 속도까지 모든 것이 자연스럽게 흘러야 했다. 관객이 볼 때는 마치 바람에 흩날리는 듯한 가벼운 움직임처럼 보이기도 하지만, 그 자연스러움을 만들기 위해 거울 앞에서 수백 번, 수천 번 같은 동작을 반복해야 했다. 그러나 그날, 무대 위에 섰을 때 어떠한 움직임보다도 내 마음을 더 앞세웠다.

어머니를 떠올리니 저절로 손끝에 힘을 빠지는 듯 무심함의 감정이 들기도 했다. 천을 높이 들어 올릴 때, 마치 어머니의 손을 잡는 것 같은 착각이 들기도 했다. 어머니는 내가 무용을 시작했을 때부터 가장 큰 응원자였다.

공연이 있을 때마다 내 춤을 지켜봐 주셨고, 연습이 힘들어 울면서 집에 돌아오면 말없이 등을 쓰다듬어 주셨다. 하지만 이제는 무대 아래에서 나를 지켜보시는 어머니가 없다. 그래서인지 그날의 살풀이춤은 내게 그 어떤 춤보다도 간절했다.

그래서일까? 그 진심 어린 감정이 무대 위에서는 관객들과의 교감을 만들어냈다. 춤에 담긴 진심은 나뿐만 아니라 관객들과 가족들의 마음에도 울림을 주었고, 함께 눈물을 흘리게 했다.

천을 천천히 들어 올리며 마음속에서 차오르는 슬픔을 애써 견뎌보려 했지만, 어느 순간 울컥 치밀어 오른 설움은 끝내 억누르지 못해 표정에 그대로 드러나고 말았다.

발을 내디딜 때마다, 손끝을 뻗을 때마다 어머니와 함께했던 시간이 스쳐지나갔다. 살풀이춤은 한(恨)을 풀어내는 춤이라고 하지만, 나는 그날 그 춤을 추며 한을 쌓고 있는 기분이었다.

가장 힘들었던 순간은 천을 길게 휘돌려 허공으로 보내는 동작이었다. 마치 내 손을 잡고 계시던 어머니가 멀리 떠나가는 것 같았다. 손끝에서 천이 빠져나가는 순간, 어머니의 마지막 모습을 지켜보던 기억이 떠올랐다. 그때

나는 춤을 통해 감정을 표현한다는 것이 이렇게까지 아플 수 있음을 처음으로 깨달았다.

그날 살풀이춤이 끝났을 때, 무대에서 내려오면서도 한동안 멍하니 서 있었다. 무대에서 어머니를 그리워하는 마음을 온전히 쏟아낸 그 순간을 관객들이 알아보고 그 감정에 공감해주어 너무나 감사했다.

살풀이춤을 출 때면 여전히 어머니가 떠오른다. 하지만 이제는 예전처럼 울지는 않는다. 대신, 천을 들어 올리는 손끝에 더욱 깊은 마음을 담는다. 어머니가 살아계셨다면, 여전히 내 춤을 보며 흐뭇하게 미소 짓고 계셨을 것이다.

이제 그 미소를 떠올리며 살풀이춤을 춘다. 슬픔을 넘어서, 감사한 마음을 담아 어머니께 바치는 춤을 춘다.

그래서 살풀이춤은 어머니의 기억이고, 애환이며, 살아온 삶을 몸으로 풀어내는 과정이다. 어머니를 향한 그리움이 깊어질수록 내 춤은 더욱 깊어진다. 그리고 나는 그 춤을 통해 다시 어머니를 만나고, 그녀의 품에서 위로받는 듯한 기분이 든다.

살풀이춤은 나에게 그런 의미를 가진 춤이다.

이처럼 즐길 수 있는 춤과 삶은 어머니에 대한 기억과도 깊이 연결되어 있다.

어머니는 늘 자연을 바라보며 삶의 무게를 견뎌내셨다.

그러한 모습은 나에게 큰 깨달음을 주었다.

어머니의 부재는 슬픔이지만, 그 슬픔은 춤을 통해 한 방울씩 해소되었고, 춤은 내 삶의 상처를 치유하는 힘이 되었다.

어머니의 사랑은 내 춤과 삶에 담겨 있으며, 그 사랑을 통해 비로소 삶을 즐길 수 있는 방법을 배우고 있다.

이러한 의미에서 즐길 수 있는 춤 그리고 삶을 생각할 때, 공자의 가르침이 자연스레 떠오른다. 공자는 『논어』에서 "아는 것은 좋아하는 것만 못하고, 좋아하는 것은 즐기는 것만 못하다(知之者 不如好之者, 好之者 不如樂之者)"고 말했다.

공자의 말처럼, 즐길 수 있는 춤은 그 자체로 삶을 표현하는 예술이며, 삶의 기쁨과 슬픔, 사랑과 그리움을 담아낼 수 있는 특별한 매개체다. 춤을 좋아하고 즐길 수 있을 때 우리는 삶을 춤추고 있는 것이다.

춤을 안다는 것은 그 기본기를 익히고 이해하는 것이며, 춤을 좋아한다는 것은 마음을 담아 춤을 추는 것이다. 그러나 그 춤을 진심으로 즐길 수 있을 때 춤은 비로소 예술이자 삶이 된다.

그러나 공자의 가르침처럼 삶을 진정으로 즐기기란 쉽지 않다. 우리의 삶은 경쟁과 욕망, 고난으로 가득 차 있다.

장자가 말한 '날마다 마음과 다투는 삶[日以心鬪]'처럼, 우리는 스스로와의 끊임없는 싸움 속에서 지치곤 한다. 우리는 생존의 소유를 위해 서로를 앞 다투며 살아가고 있다. 내가 가진 것이 없어서가 아니라 남보다 덜 가졌기 때문에 더 쟁취하고자 욕망과 경쟁 속에서의 고통을 받으면서 살아가는 것이다.

그렇기에 삶에서 즐길 수 있는 무언가를 발견하는 것은 더욱 중요하다고 본다.

춤은 나에게 그러한 도피처이자, 삶의 의미를 되찾게 하는 방법이다. 춤을 통해 나는 순간순간의 감정과 에너지를 표현하며, 삶의 고단함을 내려놓고 진정한 나 자신과 마주하게 된다.

이처럼 경쟁 끝에 다시 경쟁, 비관과 실의의 나날, 미래에 대한 전망의 부재, 이런 것들이 세상의 전부인 것처럼 생각하며 살다가 삶의 끝에 와서 아직도 내게 남은 희망의 한 자락을 보게 되는 것처럼...

그래도 남들이 가던 길을 가야 한다는 것이 우리를 아프고 힘들게 하는 것 같다. 이런 것들은 결코 자연스러운 것이 아니다. 자연은 다투지 않기 때문이다.

자연은 다투지 않고, 모든 것이 조화롭게 흐른다. 춤 역시 자연과 닮아있다.

춤의 움직임은 물이 흐르는 것처럼 유연하고, 바람이 부는 것처럼 부드럽다. 춤을 통해 자연의 이치를 깨닫고, 그것이 삶과 얼마나 닮아 있는지를 발견한다. 물이 평온하게 흐르는 것은 자연의 이치다.

유수부쟁선(流水不爭先), 물은 앞서 다투지 않고 자연스럽게 흐른다. 나 또한 춤을 추며 삶의 고난과 경쟁에서 벗어나 자연의 흐름을 따라가는 법을 배우고 있다.

어느덧 세월이 흘러 이제는 다양한 분야의 많은 사람들과 뒤섞이며 살아가다 보니 자연스럽게 깨닫게 되는 진리가 있다. 그것은 바로 '즐기며 사는 것(樂之者)'의 자세야말로 최상의 행복을 누리는 것이 아닌가 싶다.

'즐길 수 있는 삶'!! 어떻게 만들어 갈 수 있을까?

순리에 맞고 자연과 동화되는 삶!! 락지자(樂之者)로 안시이처순(安時而處順)하며 인생을 즐기되 지나치지 않게(樂不可極) 자아성찰을 통해 더 나은 나로 거듭나길 갈망해 본다.

/ **2021. 05. 28**

6

—

생각 없이 춤을 춰도 되는 순간

사람은 생각하며 살아가는 존재라 한 순간도 생각 없이는 살 수가 없다. 정말 그렇다. 심지어 아무 생각 안 하고 싶을 때조차도 "지금 아무 생각 안 하는 중이야"라는 생각을 하고 있으니 말이다.

하지만 재미있는 건, 우리가 늘 그렇게 복잡한 생각을 하며 사는 건 아니라는 점이다. 이를테면 아침에 눈 감은 채 양치질을 해도, 왼손잡이인 줄 알았던 내가 오른손으로 정확하게 칫솔질을 하고 있고, 버스를 기다리며 멍하니 서 있다가도 정확하게 내가 타야 할 노선을 알아보는 것처럼…

몸에 밴 습관은 어느 순간 생각 없이도 살아지게 만드는 것 같다.

이쯤 되면 '생각'은 우리를 설명해주는 것인 동시에 우리를 가끔 벗어나게 해주는 재미있는 도구가 아닌가 싶다.

그리고 나는 그런 생각의 굴레를 잠시 내려놓고, 진짜 '나'와 마주하게 되는 순간이 있다.

그게 바로 춤을 출 때인 것 같다.

인생의 쓴맛 뒤에 달콤한 맛을 느끼게 해주는 것이 춤이었고, 일심(一心)으로 온 마음을 다하게 도와주는 것도 춤이었다. 나에게 춤은 무대 위의 멋이나 자랑이 아니다.

그건 마치 나의 감정 창고 같고, 오래된 일기장 같은…

때론 잃어버릴 뻔했던 나를 다시 찾게 해주는 길 위의 친구 같은 존재였던 것이다.

그렇다면 "나에게 기쁨이란 뭘까? 행복은 또 어디서 오는 걸까?"

이 질문은 가끔 삶이 지루하게 느껴질 때마다 불쑥 꺼내보곤 한다.

예전엔 그런 생각을 피하려고 했지만, 지금은 그 물음 속으로 걸어 들어가 본다.

하지만 그 끝에서 만나는 건 늘 똑같은 대답이다.

그것은 사랑하는 부모님, 가족, 나의 벗, 스승 그리고 춤이다.

살다 보면, 누구나 한 번쯤은 문득 멍해지는 순간을 마주한다.

"내가 지금 어디쯤 와 있는 걸까?" "이 길의 끝은 대체 어디쯤일까?"

끝이 보이지 않는 긴 터널 속을 걷고 있는 듯한 느낌, 그럴 때 나는 조용히 춤을 춘다.

딱히 음악이 없어도 괜찮다. 그냥 팔을 들고, 어깨를 툭 풀어주고, 숨을 고르면 몸은 자연스럽게 나의 삶을 이야기하기 시작한다.

사실, 춤이 꼭 화려하고 완벽해야 하는 건 아니기 때문이다.

오히려 무대 위의 반듯한 동작보다도 무심하게 걷는 모습이나 그냥 서있을 때 더 춤 같을 때가 있다.

"서 있는 것 자체가 춤"이라는 말, 처음엔 시처럼 들렸지만 이제는 좀 이해가 되는문장이다.

한국춤을 출 때, 치맛자락이 스치는 공기에서 나는 인생의 긴 호흡을 느낀다.

쉬면서 추지 않고 끊임없이 계속 무겁게 이어지는 춤사위…

춤을 보여주려고 하는 것이 아니라 힘을 빼고 저절로 추는 상태…

몸과 마음은 생각이 없고 의도된 바 없이...
'서 있는 것 자체로도 춤으로 느껴지는 춤'

이야기가 있고 아우라가 있는 춤, 그저 몸으로 추는 춤...
원형 지향적으로 둥글게 연결되어 자연과 내가 하나 되게 추는 춤...

춤은 나 자신만의 것이 아니다.

춤을 통해 나는 '생각 없이' 깊어지는 경험을 한다.
완벽함보다는 진심
정확한 동작보다는 의도 없는 흐름
가르치기보다는 함께 느끼는 울림...
때로는 일상의 소소한 것들이 가장 감동적인 춤이 되기도 한다.

예를 들어, 엄마가 식탁을 정리하며 부르는 흥얼거림, 아이와 함께 나눈 가벼운 율동, 버스 창가에 기대어 조용히 손을 흔들던 누군가의 인사...
그런 움직임들이 나에겐 훨씬 큰 예술로 다가오기도 한다.

결국 춤은 내게 '생각을 쉬게 해주는 시간'이다.
지나치게 머리로 살았던 날, 온몸에 힘이 들어가 있을 때,
모든 걸 내려놓고 춤을 추면
나는 나로 돌아온다.

춤은 나에게 삶을 정리해주는 수단이고, 잃어버렸던 감정을 다시 불러오

는 마법이며, 나 자신을 가장 사랑하게 해주는 순간이다. 그래서 나는 말하고 싶다. 춤은 내 운명이다.

그리고 오늘도 나는 연습실에서 학교에서 무대에서 혹은 일상의 틈에서 그 운명과 함께 춤을 춘다.

생각 없이 춤을 출 수 있을 때까지,

서 있는 것만으로도 춤이 되는 그날을 꿈꾸며......

/ **2017. 03. 03.**

7

—

Move결 따라, Groove결 인생

《춤추는 주름, 살아있는 이야기》

나이가 들면서 얼굴에 새겨지는 주름은 자연스러운 현상이지만, 그 흔적을 마주할 때마다 생각이 많아지는 요즘이다. 나이가 들수록 거울을 볼 때마다 괜히 인상을 쓰게 된다.

"어? 이마에 저 선 언제 생긴 거지?"

누가 보면 고민 많은 철학자라도 되는 줄 알겠다.

하지만 곰곰이 생각해보면, 이 주름 하나하나도 다 이유가 있다.

웃다가 생긴 눈가 주름, 속상해서 찡그렸던 이마의 선들…

주름은 단순한 노화의 흔적이 아니라, 삶을 꾹꾹 눌러 새긴 기록 같다는 생각이 든다.

어떤 주름은 웃음소리로 가득 찼던 순간을, 어떤 주름은 몰래 흘린 눈물의 밤을 기억하게 한다. 그렇기에 나는 주름을 '세월의 훈장'이라 부르고 싶다.

인생이라는 마라톤을 열심히 달려온 사람들에게만 주어지는 반짝이는 메달 말이다. 요즘은 다들 잔주름에 예민하다.

광고에서도 "주름 개선!"이라는 말이 빠지지 않는다.

그런데 우리가 일상에서 마주하는 많은 고민들도 사실 잔주름과 비슷하지 않을까?

오늘 점심 뭐 먹지? 단톡방 답장을 지금 해야 하나 말아야 하나, 그런 사소한 고민들 말이다.

멀리서 보면 잘 보이지 않지만, 가까이서 보면 분명 존재하는 잔주름처럼, 우리는 때로 너무 가까이 있는 사소한 일에만 집중하느라 정작 인생의 큰 흐름을 놓칠 때가 있다.

반면, 이마를 타고 깊게 자리 잡은 긴 주름은 다르다. 그건 오랜 세월을 통해 자연스럽게 새겨진 삶의 궤적이고, 우리가 어떤 마음으로 세상을 살아왔는지를 보여주는 깊이의 흔적이다.

인생의 중심을 꿰뚫는 철학 같은 것일지도 모르겠다.

이런 의미에서 삶은 결코 반듯하게 나아가는 직선이 아니다.

우리가 예상치 못한 곡선, 굴곡, 겹겹이 쌓인 주름들로 이루어진 여정이다.

그리고 나는 그 주름들이 춤과 많이 닮아 있다고 느낀다.

특히, 한국춤을 마주하면 그 안엔 진짜 '주름'이 있다.

몸의 주름, 옷의 구김, 그리고 무엇보다도 마음의 주름…

예를 들면 살풀이춤을 볼 때, 수건이 하늘하늘 휘날리며 만들어내는 곡선은 그 자체로 한(恨)의 서사이고, 인생의 굴곡을 몸으로 써 내려가는 움직임이다.

그 수건이 바람에 실려 휘돌며 그리는 주름은 춤꾼이 말로 하지 않아도 전하는 마음의 결이다.

관객은 그 흐름 속에서 알 수 없는 울컥함을 느낀다.

"저게 나구나!! 나도 저렇게 애써 걸어왔구나."

그 감정은 오래도록 잊혀지지 않는다.

춤에서 완벽함이란 참 애매하다. 발끝이 정확해야 하고, 리듬이 맞아야 하며, 군무는 칼같아야 한다고 말하지만 그게 전부는 아닌 것 같다.

완벽한 테크닉은 인상적일 수는 있지만, 감동을 주진 못한다.

진짜 감동은 몸의 떨림 속에 스며든 '진심'에서 나오는 것 같다.

진심 어린 움직임은 관객의 마음을 두드린다. 어디가 완벽해서가 아니라, 왜 저렇게까지 몸을 움직이고 있는지가 느껴지기 때문이다.

그렇기에 나는 춤을 사랑하는 사람이라면 기교보다 먼저 '자기 자신과의 진솔한 대면'이 있어야 한다고 생각한다.

결국, 춤도 삶도 정돈된 테크닉보다는 흐트러진 진심, 매끄러운 궤적보다는 복잡한 주름이 더 많은 이야기를 전해준다.

그리고 그 주름이야말로 내 삶이 한 번뿐인 이야기임을 보여주는 증거이자 내가 살아 있다는 감각의 선명한 지문이다.

나는 오늘도 춤을 추며 내 안의 주름을 느낀다.
그 주름은 나만의 것이고, 누구도 흉내 낼 수 없는 고유한 이야기다.
그 이야기를 따라 움직이다 보면, 어느새 무대 위에도 삶 속에도
잔잔한 진심이 빛처럼 스며들어 온다.

잔주름과 긴 주름이 함께 어우러지는 춤처럼 예상 못 한 굴곡마저도 내 인생의 일부로 품으며, 나는 나의 '인생춤'을 오늘도 진심으로 살아가려 한다.

/ **2024. 11. 22**

8

—

요즘 대세, 마음수행은 [춤멍]으로…

현대사회는 끊임없는 경쟁과 과도한 스트레스를 동반한 삶의 무대에서 많은 이들이 위로와 치유를 찾고자 새로운 방식으로 자신을 돌아보는 흐름을 만들어가고 있다. 그래서일까? 최근 사람들 사이에선 온갖 스트레스와 피로를 풀기 위한 이른바 '멍' 콘텐츠의 유행은 이를 단적으로 보여주는 예라 할 수 있다.

불멍, 물멍, 숲멍, 바다멍 등 자연을 매개로 한 콘텐츠는 물론, ASMR이나 귀여운 동물 영상과 같은 디지털 자극 또한 높은 인기를 끌고 있다. 이러한 변화는 우리가 생산성과 성과 중심의 사회에서 점차 벗어나, 마음의 안식을 중시하는 방향으로 이동하고 있음을 암시한다.

이토록 우리 사회가 바뀌어 가고 있는 이유는 무엇일까?

요즘 1인 가구시대 및 한 자녀 가정, 스마트폰 등 비대면 접촉이 주를 이루면서 개인을 더 외톨이로 만들어가는 것 같다. 과연 인간은 내 생각과 삶의 방식이 항상 옳지 않음에도 불구하고 내가 생각한 대로 만들어질 수 있다고 생각하는 것일까?

현대인의 삶은 성공에 대한 압박과 경쟁의 피로 속에서 자신을 잃어가는 과정을 반복한다. 이 과정에서 발생하는 우울, 불안 그리고 외로움은 힐링 콘텐츠나 마음 수행에 대한 열망으로 이어지고 있다.

특히, 사람들은 자신을 둘러싼 외적 환경보다는 내면에 초점을 맞추려는 노력을 기울이고 있다. 이는 단순히 자극을 피하거나 피로를 해소하려는 차원을 넘어 본래의 자아를 찾으려는 시도로 해석될 수 있다.

불교적 관점에서 마음의 괴로움은 '나'를 고집하고 집착하는 데에서 비롯된다. 이는 내가 옳다는 생각에서 상대를 탓하거나 과거의 습관을 반복하며 본질을 깨닫지 못하는 상태와 연결된다. 특히, 부처님의 가르침은 마음[心]의 중요성을 강조하며, 청정한 마음으로 나아갈 것을 제안한다.

부처님 말씀 중에 천상천하 유아독존 삼계개고 아당안지(天上天下 唯我獨尊 三界皆苦 我當安之)"라는 말이 있다. "우주 안에서 오직 나만이 높다. 삼계가 모두 괴로움이니, 이제 내가 그들을 편안하게 하리라."는 뜻이다. 이는 인간의 존귀함을 알리고 고통받는 세상을 구하고자 함을 의미한 것으로 결국, 고통은 마음[心]에서 나온다는 것이다.

부처님께서 우리에게 가르치신 것은 마음 '心' 이다.『원각경』에 '일심이 청정하면 다심이 청정하고, 다심이 청정하면 국토가 청정하고, 국토가 청정하면 세계(일체)가 청정해질 것이다.[25] 이렇듯 바르고 깨끗한 생각, 밝은 생각을 가지고 살아가야 하는데, 어떻게 하면 좋은 마음[淸淨心]을 가지고 살아갈 수 있을까?

아기들의 마음은 청정(淸淨)이다. 아기들은 세상과 내가 분리되어 있다는 사실조차도 모른 채, 엄마 젖을 먹고자 하는 본능 외에는 딱히 마음이라 할 것이 없다.

아기처럼 오염되지 않은 맑은 마음, 하지만 아이들도 성장하면서 '나와 너', '내 것과 네 것', '세상과 분리된 나'에 대한 개념을 알게 될 것이다.

이러한 분별과 집착은 곧 고통의 원인이 된다. 결국, 무아(無我)의 경지에 이르기 위해서는 자신을 초월하고 내적 욕망과 집착을 비워야 한다.

진정한 자아(自我)를 찾아야 하는데... 어떻게 마음공부를 해야 부처님께서 말씀하신 무아(無我)를 깨달을 수 있을까? 이 자문(自問) 앞에선 늘 답답하고 선명한 해답이 잘 떠올려지지 않는다. 그러한 이유는 무엇일까? 도대체 언제까지 이러한 삶을 살아가야만 하는지에 대한 원망 및 남 탓, 또 과거의 안 좋은 습성을 그대로 반복하며 본질을 꿰뚫지 못하고 있기 때문에 진정한 자아를 찾지 못하고 있는 것 같다.

사실 이러한 깨달음은 나와 같은 평범한 자에게는 너무나도 어려운 일이다. 하지만 춤을 추는 사람으로서 나는 어떠한 존재이고, 왜 춤을 추는지 삶의 행복을 찾아 무엇을 해야 하는지? 등 인생과 춤이라는 화두를 들고 끊임없이 사유해야 그나마 조금은 알지 않을까 싶다.

또한 불교에는 '인드라망'이라는 세상을 전부 덮을 수 있을 만큼 큰 그물에 관한 이야기가 있다. 이 개념은 인간은 스스로의 힘으로 살아가는 것처럼 보이지만 실제로 주변 사람들과 연결되어 있고, 서로가 서로를 비추는 마치 그물에 걸린 구슬과 같은 밀접한 관계를 맺으며 살아가고 있음을 말해주고 있다.

춤 또한 '인드라망(因陀羅網)'과 같은 관계의 본질을 내포하고 있다. 인간은 단독적으로 존재하는 것이 아니라, 끊임없이 서로 연결된 관계망 속에서 살아간다. 마찬가지로 춤에서도 개별 무용수들의 움직임은 서로 얽히고 설켜 하나의 공동체적 서사를 형성하며, 다시 개인의 몸으로 환원되는 순환 구조를 이룬다.

이렇듯 춤은 마치 무심한 듯 자연스러운 흐름 속에서 서로가 서로를 비추고 감응하며 확장되었다가, 다시 한 사람의 몸으로 돌아오는 관계와 순환의 예술이다. 이는 공동체적 존재로서 인간의 삶을 깊이 상기시키며, 춤을 통해 우리는 삶의 본질적 의미와 관계성을 새롭게 자각하게 된다.

특히 예술, 그중에서도 춤을 진정으로 수행하려면 스스로를 과시하거나 높이려는 교만함이 아니라, 겸허하게 자신을 낮추는 마음가짐(下心)이 필수적이다. 진정한 자아를 찾아 나서는 겸손한 자세야말로 춤의 깊이를 더하는 중요한 태도이기 때문이다.

이러한 춤의 순환적 구조와 겸허한 마음은 삶의 관계성과도 긴밀히 연결된다. 우리의 삶 역시 부모님과 가족, 친구, 지인들과의 소중한 기억과 관계들이 스며들어 지금의 나를 이루고 있으며, 필자는 무용가로서 춤을 통해 그러한 수행과 성찰의 길을 걷고자 한다.

그중에서도 '승무(僧舞)'는 마음을 닦는 예술적 실천이자, 스스로를 치유하고 정화하는 과정으로서의 춤이라 할 수 있다. 이 춤을 통해 우리는 마음의 자유를 경험하고, 자신을 돌아보며 더 깊은 깨달음과 해방의 문을 열 수 있다.

승무를 춘다는 것은 몸과 마음을 통해 자아를 성찰하고 감정을 순화하는 수행적 행위이다. 춤추는 과정 속에서 개인의 삶의 경험, 철학, 감정 그리고 성찰이 자연스럽게 녹아들며, 이는 내적 수양과 도덕적 깨달음의 실천으로 이어진다.

그래서 승무는 몸과 마음의 태도에서 출발해 진리를 향해 나아가는 여정이라 할 수 있다. 승무 속에는 깨달음, 자유 그리고 시간과 생명의 순환에 대한 깊은 통찰이 담겨 있다. 이는 단지 예술적 표현을 넘어서, 존재의 본질을 탐구하는 실천적 과정이다.

또한 승무는 예술적 창의성을 발현하는 동시에 마음 수행을 통해 얻은 깨달음으로 '진짜와 평범함', '안과 밖', '생각과 행동' 사이의 경계를 허물며, 모든 것을 하나로 아우르는 춤의 세계로 우리를 이끈다.

필자에게 승무는 무엇보다도 마음을 가라앉히고 자신을 돌아보는 '춤멍'(

몰입하는 시간)의 순간이다. 이 순간 속에서 나는 세상과 자신 그리고 춤이라는 예술과 깊이 연결된 채 진정한 자유와 평화를 경험한다.

/ **2024.05.24**

9

—

AI시대 K-춤, 정체성 유지하는 법.txt

얼마 전, MBC 다큐멘터리 <AI 히치하이커>를 시청하게 되었다. 출연진들은 전자·IT 박람회인 CES 2025현장을 방문해 엔비디아 CEO 젠슨 황을 비롯한 과학분야의 중요한 인물들과 만나 AI 산업의 현재와 미래에 대한 의견을 나누었다.

또한 세계적인 IT 기업과 연구진들이 선보이는 혁신적인 AI 기술들을 직접 접하며, 앞으로 AI가 가져올 변화에 대한 다양한 시각을 시청자들에게 전달하는 모습이 꽤나 인상적이었다.

사실 전자기기보다 춤에 관심 많은 나조차도 "와, 세상 이렇게 변했구나!"를 입에 달고 본 방송이었다.

특히, 그중에서도 내 눈을 번쩍 뜨이게 만든 건 무려 3조 원이 투입된 초대형 공연장 '스피어(Sphere)'인데, 벽면 전체가 16K 초고화질 LED 스크린으로 둘러싸인 이 공간에서는 그야말로 무대 위 배우가 아니라 무대 자체가 예술이었다.
U2의 공연을 보며 출연진들도 감탄을 금치 못했는데 나 역시 생각했다.

"아니, 이 정도면 AI랑 공연하는 거 아냐?"
근데 진짜 그랬다. AI가 조명과 영상, 사운드를 모두 계산해 관객의 눈과 귀, 감정까지 조율하고 있었으니까...

출연진들은 세계적인 록밴드 U2의 공연 영상을 감상하며 첨단기술이 공연예술에 미치는 영향을 직접 체험하며 놀라움을 감추지 못하였다. 과거 공연예술이 시각적, 청각적 경험에 머물렀다면, 이제는 AI를 활용한 몰입형 콘텐츠가 관객과의 새로운 상호작용을 만들어내고 있어 관심있게 보게 되었다.

한편, 휴머노이드 로봇과 대화를 나누던 장면도 매우 흥미로웠다. 로봇이 인간의 감성을 모방해 화난 표정을 짓는 순간, 당황스러움을 감추지 못했다. "이런 감정 표현은 인간만이 할 수 있을거라 생각했는데, 휴머노이드 로봇이 흉내 내는 걸 보니 AI 기술이 어디까지 진화할 수 있는지를 다시금 생각하게 만들었다. 이제는 인간의 감정을 가진 로봇이 우리와 소통하는 시대가 성큼 다가온 것이다.

'AI 히치하이커'를 통해 AI 기술이 인간의 감성과 예술적 경험까지 변화시키고 있음을 깨달았다. 과연 AI는 어디까지 발전할 것이며, 우리는 이러한 변화 속에서 어떤 삶을 살아가게 될까? 앞으로 AI와 공존하는 시대를 맞이할 우리의 태도에 대해 생각해보게 되는 순간이었다.

또한 AI가 우리의 삶과 예술적 감성에 어떤 영향을 미칠지에 대해 궁금증이 생겼다.
이쯤 되니 이런 생각이 들었다. "그럼 한국 전통춤도 AI가 출 수 있는 시대가 오는 걸까?"

그렇다면, AI 시대 한국 전통춤의 새로운 표현 방식은 어떻게 변화할까?
AI가 만들어내는 작품을 인간의 예술과 동일하게 평가할 수 있을지...
이런 변화 속에서 춤꾼의 정체성은 과연 어디로 가야 하는지?

이제는 AI가 인간의 예술을 모방하고, 심지어 새로운 예술을 창조하는 시대가 왔다. AI는 이미 예술의 여러 영역에 영향을 미치고 있다. AI 기술을 활용해 안무를 짜거나 전통춤의 동작을 디지털 데이터로 변환하여 분석하는 연구도 활발해졌다.

심지어 AI가 만든 가상의 무용수가 등장해 인간 무용수와 협연하는 사례도 늘어나고 있다. 정교하게 계산된 동작, 틀리지 않는 박자감.... 솔직히 무섭게도 완벽하다.

이러한 변화는 한국춤의 새로운 가능성을 열어주기도 하지만, 춤꾼의 존재 가치를 희석시킬 위험도 안고 있는 것이다.

AI가 인간의 예술을 모방할 수는 있지만, 한국춤이 지닌 고유한 정서와 깊이를 온전히 재현하기는 어려울 것이다. 한국춤은 오랜 역사와 문화적 맥락 속에서 형성되었으며, 춤사위의 연속이 아니라 한국적 미의식과 정체성이 깃든 살아있는 유산이다.

예를 들어 살풀이춤을 생각해보자.

수건을 느리게 휘감으며 '한(恨)'을 풀어내는 장면은 그 춤꾼이 살아온 시간, 쌓인 감정, 현재의 마음까지 모두 녹여낸다.

그건 AI가 수천 번 학습해도 모방할 수 없는 인간 고유의 감성인 것이다.

절제된 호흡과 여백의 미 속에서 흐르는 자연스러운 선율, 소박하면서도 깊이 있는 아름다움 그리고 춤을 추는 이의 내면에서 우러나오는 정서적 울림은 기계적 분석만으로는 포착할 수 없는 가치들이다.

또한, 전통의상이 만들어내는 고유한 색감과 질감, 춤꾼의 표정과 몸짓에서 묻어나는 삶의 깊이는 AI가 형식적으로 따라 할 수도 없고, 어울리지도 않는 본질적인 요소이다. 한국춤이 지닌 자연미와 절제미 그리고 이를 통해 전해지는 한국적 감성은 오롯이 인간만이 표현할 수 있는 예술적 경지를 보여준다.

이처럼, 예술이 인간의 삶에서 얻은 경험을 바탕으로 이루어지는 본질적인 활동이라면, AI가 만든 작품을 같은 기준으로 평가하기는 어려울 것이다. 인간 창작자는 자신의 경험과 감정을 예술 속에 녹여내지만, AI는 감정을 느끼지 못하며 단지 알고리즘과 데이터를 활용해 기존 정보를 조합하고 변형하는 방식으로 창작을 수행할 뿐이다.

예컨대, AI는 데이터를 학습하고 패턴을 분석하여 새로운 이미지를 생성하거나 춤을 창작해서 안무할 수 있다. 하지만 AI가 스스로 예술적 의도를 가질 수 있는가에 대한 질문에 대해서는 명확한 답을 내리기 어려울 것이다. 왜냐하면 AI는 주어진 알고리즘에 따라 연산을 수행할 뿐, 창작 행위에 대한 자기인식이나 주체적인 의도를 갖지 않기 때문이다.

이러한 점에서 보면, AI의 창작 활동은 인간 창작자의 활동과 본질적으로 다르다는 얘기다. 하지만 현대 예술에서는 창작자의 의도가 반드시 중요한 요소가 아닐 수도 있기 때문에 AI의 작품을 평가할 때 창작 주체성만을 기준으로 삼을 수는 없을 것이다.

한 예로, BTS의 춤은 단순히 "잘 춘다"의 문제가 아니다.

무대 위에서 멤버들의 표정, 메시지, 이야기가 함께 전해지기 때문에 사람들이 열광하고 감동받는 것이다.

AI는 안무는 만들 수 있어도 '방탄다움'은 만들 수 없다. 한국춤도 마찬가지다. 춤사위 하나하나에 '나만의 해석'과 '몸의 기억'이 깃들어야 비로소 진짜 춤이 되는 것이다.

그렇다면 AI 시대, 춤꾼은 어떻게 자신의 정체성을 유지해야 할까?

'내가 누구인지 끊임없이 묻는 것'

자신이 전하는 감정이 무엇인지 내 춤에 어떤 메시지를 담고 싶은지...

그리고 내가 이 전통을 왜 이어가고 싶은지를 스스로 아는 것...

그 진심이 있을 때 우리는 어떤 기술과도 공존할 수 있다.

하지만 현실적으로는 AI가 춤을 분석하고 재현하는 기술이 점점 더 정교해지고 있다. 그렇다면 이런 기술의 한계를 우리는 어떻게 보완해야 할까?

그 해답은 춤의 본질을 더욱 깊이 이해하고, 이를 몸과 마음으로 체화하는 것이 중요하다고 본다. AI가 아무리 정교한 움직임을 흉내 내더라도 오랜 시간 몸으로 익히고 감정으로 쌓아온 춤꾼의 표현력은 따라올 수 없다.

자신만의 해석과 시대적 감각을 담아 전통춤을 이어간다면 AI가 넘볼 수 없는 '인간만의 영역'을 더욱 단단하게 지킬 수 있을 것이다.

또 하나의 방법은 전통춤을 현대적 감각으로 재해석하여 새로운 가치를 만드는 것이다.

예를 들어, AI 기술로 춤사위를 시각화하거나 분석하는 작업은 충분히 유용하다. 하지만 그것이 춤의 본질을 흐리게 해서는 안 된다.

전통을 지키면서도 시대와 어우러지는 조화로운 변화를 만든다면 오히려 AI 시대 속에서 전통춤은 더욱 새롭고 빛나는 예술이 될 수 있다.

결국, AI는 우리에게 위협이 아니라 도구가 되어야 한다.

정체성을 잃지 않고, AI와 함께 호흡할 수 있다면 전통춤은 지금보다 더 많은 사람들에게 감동을 전하고, 더 넓은 무대에서 한국문화의 가치를 알릴 수 있을 것이다.

시대는 바뀌어도, 혼이 담긴 춤은 사람의 마음을 울릴 수 있다.

그리고 그 감동은 AI가 아닌 사람만이 줄 수 있는 선물이다.

앞으로 전통과 기술이 만나는 그 접점에서 한국춤이 더욱 빛나고 정체성을 풍성하게 이어가길 기대하며, 필자는 그 흐름을 따뜻한 마음으로 계속 지켜보고 싶다.

/ **2025. 02. 25**

에필로그

나는 오늘도 K-Dance 로그인 중입니다~

혼자 하는 작업은 뭐든 익숙했다. 그동안 내가 원하는 방향으로 내가 하고픈 대로 잘 흘러갔다. 그런데 이번엔 달랐다. 이 책을 쓰는 여정은 내게 낯선 언어와 구조, 끝없는 고민을 안겨주었다. 내가 사랑해온 '춤'을 글로 풀어내는 일은 생각보다 훨씬 복잡하고 어려웠다.

이 책은 사실, 9년간 꾸준히 칼럼으로 연재되어온 글들을 다시 다듬고, 새로이 추가한 내용들을 모아 완성한 나의 기록물이다. 그 긴 시간 동안 쌓여온 단상들과 경험들이 결국 지금의 나를 만든 셈이다.

하지만 그 글들을 한 권의 책으로 엮는 과정은 쉽지 않았다. 글이라는 형식을 빌려 춤을 말한다는 것이 생각보다 훨씬 많은 질문과 회의 그리고 혼란을 동반했기 때문이다.

매주 마주했던 글쓰기의 시간은 나에게 춤만큼이나 중요한 루틴이 되었고, 그렇게 축적된 문장들은 결국 내 삶의 무늬가 되었다.

그 무늬를 모아 한 권의 책으로 엮는 과정은 다시 내 삶을 돌아보고 꿰매는 작업이기도 했다.

그리고 이 여정에서 가장 힘들었던 것 중 하나는 내가 늘 어중간한 모호함 속에 서 있다는 사실이었다. 실기인가, 이론인가? 예술가인가, 교육자인가?

이 책은 대중 에세이인가, 학술적인 무용 교육서인가?

애초에 이건 단지, 나의 춤과 예술과 삶에 대한 아주 사적인 이야기였다.

그저 나답게, 내가 느낀 대로 써보자고 시작한 일이었는데, 세상은 자꾸 이것을 분류하고 기준에 맞추려 했다. 나는 그 경계 어디쯤에서 자주 머뭇거렸고, 때로는 스스로도 혼란스러웠다.

그래서 글을 쓰는 동안 수없이 포기하고 싶었다.

'이걸 왜 쓰고 있지?'

'이 책이 얼마나 많은 사람들에게 읽힐까?'

'누군가 이 이야기를 진심으로 들어줄까?'

이런 질문들이 머릿속을 떠나지 않았다. 글을 쓴다는 건 단지 이야기를 적는 일이 아니라, 끝없이 나 자신을 의심하고 마주보는 과정이라는 걸 절실히 느꼈다.

출판사 문을 두드릴 때마다 들려오는 말들 상품성, 독자 타겟, 서사 구조, 홍보 전략은 나를 한참 춤과는 다른 세계로 데려갔다. 어떤 출판 기획자는 방향을 완전히 바꾸고, 6개월에서 1년 이상 다시 써야 하며, 그에 따른 비용도 적지 않다고 했다. 글을 쓴다는 일이 이렇게까지 복잡할 줄은 몰랐다.

결국 나는 '있는 그대로의 나'를 지키기로 했다.

그것이 느리고 비효율적일지라도...

이 책은 그렇게 수많은 질문과 고요한 혼잣말, 그리고 9년간의 기록이 켜켜이 쌓여 완성된 내 이야기이다. 연습실의 땀, 무대 위의 숨결, 혼자 글을 쓰던 새벽의 고독감… 그 모든 순간이 모여 지금의 나를 만들어줬다.

춤은 나를 키웠고, 지금도 나를 움직이고 있다.
나는 여전히 K-Dance 로그인 중이다.

이 여정을 끝까지 함께 걸어준 사람들이 있다.
일하는 아내이자 엄마인 나를 응원하며 묵묵히 곁을 지켜준 남편…
조용히 엄마의 연습 및 공연영상을 모니터링해주고 발표자료까지 늘 들어주며 응원해주던 두 아들…
사랑하는 가족의 존재가 언제나 나를 지탱해줬고, 결국 이 마지막 페이지까지 오게 해주었다.

또한 "이거 어때?", "표현 이상하지 않아?", "읽어봐줘" 라는 내 끝없는 요청에 진심으로 귀 기울여주고, 조언과 격려를 아끼지 않았던 지인들에게도 깊이 감사드린다. 당신들의 응원이 없었다면 이 책은 세상에 나오지 못했을 것이다.

나는 이제 안다.
이 책이 얼마나 많은 사람들에게 읽힐지는 중요하지 않다는 걸…
그저 이 책이 누군가의 가슴에 작은 떨림으로 남기를…

그리고 언젠가 자신의 무대 위에서 혼자 흔들리는 누군가가 이 글을 통해 "나만 그런 게 아니구나" 하고 미소 지어준다면, 그걸로 충분하다는 걸…

우리 모두 각자의 삶에서 각자의 무대를 살아가고 있다. 때로는 흔들리고, 때로는 멈춰도 괜찮다. 중요한 건, 그 무대 위에 '나답게' 서 있다는 것...

그리고 당신도 어딘가에서 당신만의 춤을 추고 있기를...
왜냐하면, 우리는 모두 각자의 리듬으로 살아가는 무용가들이니까...

2026년 1월
늦은 새벽 虛靜齋에서

본 서적의 촬영(kwi-sub park 사진작가), 의상은 藝舞 백선희디자이너의 협찬으로 진행되었습니다.
아름다운 의상 및 사진으로 책의 감성을 더해주신 모든 분들께 깊이 감사드립니다.

1) 이승환, 「한글과 현대단학, 그리고 뇌교육 -우리말 속에 깃든 정신-」,『국학연구원 선도문화』 19권, 국제뇌교육종합대학원, 2015, 120~121 참조.

2) 전병술,「유교 음식문화에 나타난 조화의 태도」, 환경철학회, , 2016: 163쪽 참조.

3) 『四書訓義』, "飮食之道, 味以養陰, 氣以養陽. 養陰者, 非以養其血也, 卽所以養夫人柔順淸潔之德也. 養陽者, 卽所以養夫人剛健文明之德, 而氣淸而性情……故夫治之未精, 時之已過, 濁有餘而淸不足者, 皆能長人濁氣而使之亂. …(중략). 而在聖人, 卽淸與濁, 貞與邪之不相入, 自不與之相得而去之, 其於飮食如比乎其重也. 乃以敬其事, 而儀度亦行乎其間矣."

4) 이찬주,「한국 고전춤의 개념에 관한 연구」, 한양대학교 우리춤 연구소, 2013: 36~63쪽 참조.

5) 최인령·오정호,「발효음식과 연금술적 상상력」,인문콘텐츠학회, 2010: 363쪽 참조.

6) 石毛直道(이시게나오미찌), 김상보역,『魚醬과食醢의硏究: 몬순·아시아의食事文化』, 수학사, 2005: 265쪽 재인용.

7) 『莊子』「人間世」「山木」 제20편: 莊子行於山中, 見大木, 枝葉盛茂, 伐木者止其旁而不取也. 問其故, 日: 无所可用. 莊子日: 此木以不材得終其天年! 出於山, 舍於故人之家. 故人喜, 命豎子殺雁而烹之. 豎子請日: 其一能鳴, 其一不能鳴, 請奚殺? 主人日: 殺不能鳴者. 明日, 弟子問於莊子日: 昨日山中之木, 以不材得終其天年. 今主人之雁, 以不材死. 先生將何處? 莊子笑日: 周將處乎材與不材之間. 材與不材之間, 似之而非也, 故未免乎累. 若夫乘道德而浮遊則不然.

8) 『莊子』「人間世」 제 9장: 山木自寇也, 膏火自煎也, 桂可食故 伐之, 漆可用故 割之, 人皆知有用之用 而莫知無用之用也.

9) 출처: 무용교육혁신위원회 사무국

10) 위의 출처

11) 이용희(2019), "한국 전통춤의 동양미학적 고찰"- 한국무용교육학회, 한국무용교육학회지 제30집 1 권,p94 인용.

12) 이용희(2016), "김수악류 진주교방 굿거리춤의 미학적 고찰, - 융석融釋과 즉흥성卽興性을 中心으로 "- 한국무용교육학회, 한국무용교육학회지, 제27호 3권 p125 인용.

13) 이용희(2015), “진도북춤 춤사위 구조의 심미성 연구” 미간행 박사학위논문, 성균관대학교 대학원 ,p134 인용.

14) 이강수, 『노자와 장자』 길, 1997, p37 인용.

15) 『論語』「陽貨」 篇, “性相近, 習相遠.”

16) 『老子』, 제16장, “致虛靜, 守靜篤萬物並作, 吾以觀其復.夫物芸芸, 名復歸其根.”

17) 로빈 M 호가스, 엠레 소이야르, 『경험의 함정』, 28쪽 인용.

18) 「지북유」: 夫昭昭生於冥冥, 有倫生於無形, 精神生於道, 形本生於精, 而萬物以形相生.

19) 이용희(2021), “왕양명의 심론心論으로 본 한국 전통춤의 내재미 고찰”, 한국무용교육학회지, 52p 인용.

20) 모영진(2019), “양명심학의 미학적 특질에 관한 고찰”, 미간행, 석사학위논문, 충남대학교 대학원, 7p 재인용.

21) 『老子』,「道德經」 제1장: 道可道, 非常道. 名可名, 非常名. 無名, 天地之始. 有名, 萬物之母. 故常無欲以觀其妙. 常有欲以觀其徼. 此兩者, 同出而異名, 同謂之玄, 玄之又玄, 衆妙之門.

22) 『文心雕龍』, 제1장: 文之爲德也大矣, 與天地　生者何哉? 夫玄黃色雜, 方圓體分; 日月疊璧, 以垂麗天之象; 山川煥綺, 以鋪理地之形: 此蓋道之文也. 仰觀吐曜, 俯察含章, 高卑定位, 故兩儀旣生矣. 惟人參之, 性靈所鐘, 是謂三才. 爲五行之秀, 實天地之心. 心生而言立, 言立而文明, 自然之道也.

23) 문석윤, 『동양적 마음의 탄생』, 2014: 41쪽 인용.

24) 『全集』, 26권, 大學問 , “何謂身, 心之形體運用之謂也. 何謂心, 身之靈明主宰之謂也.” 『傳習錄』 상권, 6조목에서는 “身之主宰便是心” 몸은 ‘마음의 形體와 運用’에 대해 形體를 耳目口鼻四肢라고 하고, 運用을 視聽言動이라고 보고 있다. 耳目口鼻四肢의 形體는 ‘구체적인 시공간을 점유하여 있는 것’으로 볼 수 있으며, 視聽言動은 ‘보고 듣고 말하고 움직이는 행동’을 말한다.

25) 설정스님, 박원자 지음, 『설정스님의 인생법문 ‘어떻게 살 것인가?’』, 2016: 142p 인용.

저자소개

무용을 전공한 저자는 학부에서 무용을 공부하고, 석사 과정에서는 체육교육학을 통해 몸에 대한 깊은 이해를 쌓았다. 이후 성균관대학교에서 '진도북춤 춤사위의 심미성 연구'로 철학박사 학위를 취득하며 학문적 여정을 이어갔다. 동아시아 사상과 미학 전통에 대한 관심으로 학문의 폭을 넓히고자 했지만, 그 과정에서 스스로의 우유부단함과 게으름에 대한 아쉬움도 남았다. 그럼에도 불구하고 춤과 사유를 함께 품고자 하는 열망은 변함없이 이어졌고, 한국춤에 내재된 예술적 형태와 무자의 정신성, 그 속에 흐르는 심미적 의미를 깊이 탐구해왔다.

저자는 한국춤의 전통적 미학과 정신성을 현대적 맥락에서 새롭게 풀어내며, 동아시아 철학을 바탕으로 춤 속의 정신과 미학을 오늘날의 언어로 재구성하여 대중과 소통하고자 노력하고 있다. 최근에는 'K-춤'이라는 글로벌 트렌드와 연결해 한국춤의 미학을 알리고, 전통과 현대가 결합된 새로운 형태의 한국춤을 모색하는 데 힘쓰고 있다. 또한, AI와 같은 첨단 기술이 춤 예술에 미치는 영향을 탐구하며, 기술과 전통이 만나는 지점에서 한국춤의 새로운 가능성을 여는 작업을 이어가고 있다.

현재까지 20여 편의 논문을 발표했으며, 주요 저서로는 『한국춤의 미학, 유불도에서 찾은 정동교융(靜動交融)』(2025), 선비와 풍류총서 Ⅱ·Ⅲ 『예술가의 아틀리에』(2022), 『철학자와 예술가의 이야기 마당』(2023) 등이 있다.

/ Instagram **y_hee1219**

/ **leeyhoa312@naver.com**

참고문헌